연대의
새로운 문법

조남경 지음

SJ 신정

이 글은 2021년도 성공회대학교 교내연구활동지원사업에 의한 연구의 결과입니다. 오래 기다려 준 우리 대학에 고마움을 표합니다.

의기소침하고 착 가라앉고 후회되고 뿌듯하고 설레고
흥분되고 심술 나고 서럽고 분하고 화나고 즐겁고 하찮고
따뜻하고 귀한 나의 매일의 이야기를 지어갈 수 있도록
등장해 주는 모든 고마운 사람들을 떠올리며.

차례

연대의 새로운 문법 **01장** 7

연대의 새로운 문법 **02장** 25

연대의 새로운 문법 **03장** 47

연대의 새로운 문법 **04장** 81

연대의 새로운 문법 **05장** 99

연대의 새로운 문법 **06장** 119

주석 찾아보기 142

연대의 새로운 문법

01장

01장

오늘 아침에 눈을 떠서 다시 잠자리에 들 때까지의 하루를 찬찬히 되짚어 내가 주인공인 하나의 이야기처럼 일기를 쓴다고 해 보죠. 오늘의 이야기 중에서 가장 기억될 만한 부분은 어디인가요. 또 소소한 재미가 있는 부분은 어디이고 좀 슬픈 부분은 어디입니까. 대략 언제부터 언제까지는 그저 건너뛰어도 되나요. 그때는 무엇을 하던 시간이기에 건너뛰어도 좋겠다고 생각하는 걸까요.

오늘의 나의 이야기는 타인을 필요로 합니다. 누군가와 직접 대화를 나누거나 손짓과 눈빛을 주고받지 않았다 하더라도 내가 아는 누군가를 떠올리거나 혹은 전혀 모르는 누군가라도 등장시키지 않는 그런 이야기가 얼마나 가능할까요? 이야기가 없는 삶은 타인이 없는 삶입니다. 매일이 같거나 유사한 이야기로만 채워지는 삶은 의례적이고 형식적이며 순간적인 의사소통을 나누는 타인들만이 등장하는 삶입니다. 이야기라기보다는 메모에 가깝습니다. 건조하고 앙상하며 위태로운 삶입니다. 반면에 매일 다른 이야기를 쓰는 삶은 영향 주고 영향 받는 상호작용을 나누는 타인들이 등장하는 삶입니다. 늘 기분

좋고 재미있는 이야기일 수는 없지만, 이야기의 다채로움으로 보자면 풍성한 삶입니다.

흥미로운 내 하루하루의 이야기는 나와 타인들 간의 관계와 교류의 경험을 전제합니다. 뒤집어 이야기하자면, 타인과의 관계와 교류가 나의 들을만한 이야기, 살만한 삶을 가능하게 해줍니다. 그래서 미래학자 제러미 리프킨도 '인간에게 있어 존재한다는 것은 교류한다는 것이며, 개인의 정체성은 타인과 주고받는 경험과 관계가 주는 고유한 역사'라고 말한 것일 겁니다.[1] '서사적 자아관'을 이야기한 것으로 알려진 철학자 알래스데어 매킨타이어는 우리가 한 사람의 어떤 행위를 이해하려면 '그 행위자의 삶과 그 행위의 배경의 내력' 안에서 그 행위를 보아야 한다고, 앞서 말한 방식으로 하자면 행위자가 작가이자 등장인물 중의 하나인 역사적 서사(이야기) 속 한 장면으로 그 행위를 볼 수 있어야 한다고 했습니다.[2] 각 개인은 자신의 이야기의 작가이자 그 속의 주인공이지만, 동시에, 관계하는 타인들의 이야기들 속 등장인물이기도 하므로, 자신과 타인들의 이야기들에 영향을 미치는 역사적이고 사회적인 더 큰 이야기의 흐름과 전혀 무관하게 자신의 이야기를 전개하기는 어렵습니다. 말하자면, 인간은 이야기를 엮어가는 존재이고 그 이야기는 다른 이야기들과 엮여 있다고 할 수 있습니다.

삶(의 이야기들)을 풍성하게 해주는, 영향을 주고받는 상호작용—다시 이야기하지만 그것은 즐거움이거나 사랑과 애정일 수도 있지만, 정말 화나게 하거나 속상하게 하는 것일 수도 있습니다—은 마음을 주고받는 관계에서 더 활발히 일어납니다. 그러니 마음을 주고받는 관계는 서로의 삶(이라는 이야기)의 뼈대를 만들어 주는 관계라 할 수 있습니다. 정도는 다양하지만 서로 신경 쓰는, 걱정하는, 실망시키지 않으려 하는, 때론 '내가 이런 취급이나 받으려고' 하며 서운해지거나 '정말 끝도 없이 나의 시간과 모든 것을 요구하는구나' 하며 원망스러워졌다가도 바로 그 사람 때문에 마음 가득 기뻤던 한때의 기억만으로 오히려 고마워하고 다시 힘을 얻는, '돌봄'을 넓게 정의하는 철학자 조안 트론토의 생각을 빌리자면 '서로 돌보는' 관계라 할 수 있습니다.[3] 서로의 삶의 이야기를 가능하게 해주고 풍성하게 해주는 것이 곧 서로를 살게 해주고 살만하게 해주는 것이니 당연하다 하겠습니다.

이러한 시각에서는 '의존'과 '돌봄'을, 돌보는 자와 돌봄 받는 자를 굳이 구분하여 말할 이유가 없습니다. 굳이 '인간은 누구나 유아기나 노령기와 같이 의존하는 때가 있고, 그러한 시기에 있는 타인을 직간접적으로 돌보는 때가 있으니 모두 상호의존적'이라고 설명할 필요가 없습니다. 삶의 매순간 타인(들) 덕분에 내가 내 이야기, 내 삶을 만들고 있고, 나 또한 타인(들)의 이야기에 기여하고 있는 한 우리는 언제나 의존하면서 또한 돌보고 있습니다. 조금 폼나게 표현해 보자면, 의존과 돌봄은 서로를 필요로 하며, 삶을 '공동생산'합니다. 이 주장은 썩 그럴듯하지만 조금은 낭만적이면서, 동시에 조금은 '비과학적'으로 들릴 수도 있겠습니다. 하지만 아닙니다. 심리학자이자 뇌과학자인 리사 배럿은, 현대 뇌과학의 연구 성과들을 찬

찬히 보여주며 이야기합니다. 우리는 일상의 매순간, 의도하든 의도하지 않든 긍정적이거나 부정적으로 영향을 미치면서 서로를 돌보고 있다고. 우리의 뇌는 사람들과의 상호작용을 통해 구조와 기능이 개선되며, 따라서 "우리 뇌가 생명과 건강한 몸을 유지하기 위해서는 다른 사람이 필요하다"고.[4]

잠깐만 옆길로 새자면, 이러한 점에서 인간의 존재론적 관계성과 돌봄 의존성에 주목하여 '돌봄윤리'에 기반한 사회정의와 더 자유롭고 평등한 '돌봄 민주주의'가 필요하다는 주장들은[5] 이 글에서 이야기하고자 하는 근대 인간관의 문제를 일찌감치 통찰하여 주었다고 할 수 있습니다. 그렇지만 한편으로 이러한 주장들은, 아마도 '파생된 의존'—누군가를 돌보느라 노동시장과 사회에 참여하지 못해 생기는 의존—의 역사적 불평등과 부정의의 문제를 제기하고 해결해 나가는 데 힘을 모으기에도 바빠서, 의존하는 자와 돌보는 자를 구분하는 시각의 극복을 적극적으로 말하지는 않는 듯, 다시 말하면 '누구나 의존한다'는 측면만 강조하고 '누구나 돌본다'는 측면은 슬쩍 외면하는 것처럼 느껴집니다. 물론 공감할 수 있고, 또 공감해야 하는 문제입니다. 모두가 서로서로 의존하고 돌보며 사는 것이라 하면, 기존의 주류적 관점이 어떤 사람들을 일방적으로 돌봄을 받기만 하는, 독립적이지 못한 '의존인'으로 분류하던 것에 대한 성찰과 반성을 요구하는 긍정적인 측면이 있지만, 동시에 그간 의존인을 돌보는 일을 의식적으로 외면해왔고 그럴 수 있는 사회적, 관계적 권력이 있었던, 돌봄 불평등을 만들고 그 혜택을 누려온 사람들에게 자신들도 돌보며 살아왔다는 뻔뻔

한 주장을 펼칠 명분을 줄 수도 있기 때문입니다. 하지만 인간의 존재론적, 본질적 관계성을 논하자면 서로가 의존하고 돌본다는 점을 말하지 않을 수는 없습니다. 그리고, 누구나 돌보는 '측면이 있다'는 것이 곧 돌봄의 부담을 모두가 공평하게 짊어지고 있다는 의미는 전혀 아닙니다. 돌봄은 인간의 존재 조건이자 사회 유지를 위한 필수적이고 보편적인 부담인 만큼, 정의롭게 나누어져야 함은 여전히 강조되어야 합니다.

다시 돌아와서, 우리 모두가 언제나 의존하면서 또한 돌보고 있다는, 얼핏 어렵지 않게 고개를 끄덕일지도 모를 이 주장은, 조금 더 생각해 보면 아주 깊고 넓은 문제와 연결되어 있음을 알 수 있습니다. 우리가 생각하는 '인간의 본모습(원형)' 혹은 본모습이 실현된 '정상적'이거나 이상적(理想的)인 상(像)과 관련되기 때문입니다. 사실 살면서 우리가 '아, 나는 인간의 본모습에 대해 이런 생각을 갖고 있지' 하며 떠올리는 일은 거의 없지만, 우리를 둘러싼 사회의 거의 모든 것들은 암묵적이든 명시적이든 인간의 본모습에 대한 생각과 연관이 있습니다. 특히 정책이나 제도는 그것을 잘 드러내 주는데, 왜냐하면 정책과 제도를 직간접적으로 만든 당대의 힘있는 사람들이 생각하는 '정상적인' 삶의 모습에 대한 믿음과 직접적으로 관련이 있기 때문입니다. 이성애에 기초한 부부만 혼인신고를 할 수 있다거나, 상속의 순서와 범위를 정해놓은 법 등이 쉽게 떠올릴 수 있는 예라 하겠습니다. 장기요양 제도와 서비스도 대표적인 예인데, 이 제도는 독립적인 생활을 영위하는 '정상적' 상태와 그렇지 못하고 누군가에게 의존해야 하는 '비정상적' 상태를 구분할 수 있다고 전제하고 있습니다. 그래서 그 둘을 가르는 조건들을 기술적으로 정의하고, 이러한 조건들을 바꿔주는 혹은 바꾸도록 돕는 행위들 또한 기술적으로 정의할 수 있다고 봅니다. 따라서 그런 행위들 하나하나를 따로따로 서비스 항목화하고 필요한 단위로 가격을 붙입니다. 이에 따라 돌봄은 단위 행위들의 합으로 이해되고, 쉽게 대체할 수 있는 저숙련 노동이 됩니다. 이는 근본적으로 '독립적이고 자율적인 개체'를 인간의 본모습으로 보는 생각에 기초합니다. 앞서 이야기해 온 '언제나 서로 의존하고 돌보는' 모습과는 거리가 있습니다.

'독립적이고 자율적인 개체'로 인간을 이해하는 생각의 뿌리는 "태초에 자유로운 인간이 있었다"며[6] 떠올리는 모습이 인간의 본모습이라는 생각입니다. 바로 근대 이후 시작되어 현재까지도 우리 시대의 지배적인 인간관이라 할 수 있는 자유주의적 인간관입니다. (지배적인 만큼 굳이 근대 자유주의의 인간관이라 하지 않고 앞으로는 그냥 근대의 인간관이라고 말하는 경우도 많을 것입니다. 이때 자유주의는 정치적 자유주의나 도덕적 자유주의 등을 다 포괄하는, 근대라는 시대를 연 사상적 토대로서의 자유주의, 가장 넓은 의미의 자유주의이므로, 이 인간관은 개인이 자유주의를 신념으로 갖는지와 무관하게 훨씬 더 광범위한 사람들의 인간관과 세계관을 형성하고 있거나 상당한 영향력을 행사하고 있다고 볼 수 있습니다.) 우리가 이미 알다시피 근대 인간관은 인간이 스스로 합리적인 선택과 결정을 할 수 있는 능력(이성)을 가졌다는 믿음을 전제로 합니다.[7] 따라서 모든 간섭으로부터 자유로워야 하는 존재입니다.

그러한 '자연 상태'를 그림으로 그리자면 한 명만 있으면 되는 것이죠. 바로 독립적이고 자율적인 '개체'로서의 인간의 본모습입니다. 반면에 서로 돌보고 의존하는 것이 인간의 본모습이라면 그림으로 표현하자면 여러 명이 등장하지 않을 수 없습니다. 의존하고 돌보는 관계가 곧 생존의 조건이라 보는 이 관점에서 자유롭고 독립적이기만 한 개인은 앙상한 (이야기의) 삶을 살다 곧 죽을 수밖에 없는 위태로운 상태입니다. 그러니 이 관점에서 돌봄(서비스)의 핵심은 분절적으로 항목화하거나 화폐적 가치와 효율을 따지기 어려운 '인간적인 연결'이라 할 수 있습니다.[8]

인간관이 다르면 개인의 복지(welfare)와 웰빙(welbeing) 개념—이는 어원상 faring well, being well을 뜻하므로 저는 학생들에게 '응, 나는 별일 없이 잘 지내고 있어'라고 답할 수 있는 상태라고 이야기하곤 합니다—도 차이가 있을 수밖에 없습니다. 어떤 사람이 별일 없이 잘 지내고 있는지 알고자 할 때, 전자(근대)의 인간관에서는 '그 한 사람'의 독립적이고 자율적인 생활에 별문제가 없는지를 중심으로 보겠지만, 후자의 인간관에서는 그 사람이 돌보고 의존하는 관계에 별문제가 없는지도 중심적으로 살펴보게 될 것입니다. 내가 오늘도 특별히 건강과 경제생활에 별다른 문제가 없고 누구에게 맞거나 위협당하지 않으며 지내는 한, 전자의 관점에서는 나의 웰빙에 큰 문제가 없습니다. 어머니와 둘이 사는 나는 최근 들어 섬망 증세가 심해진 어머니가 일터에 있는 나에게 두세 시간마다 한 번씩 전화를 걸어 무엇이 없어졌다거나 누가 다녀갔다거나 하는,

사실과 동떨어진 이야기를 하시면서 불같이 화를 내시거나 울면서 하소연을 하시거나 집에 다녀가라고 사정을 하시는 통에 하루 종일 복잡한 마음이 한가득이지만, 이 관점에서는 나의 건강이나 경제생활 등에 문제가 나타나지 않는 한 관심을 두지 않습니다. 고등학생인 나는 정말로 평생을 함께 하리라고 생각하는, 내 인생에서 가장 중요한 친구가 있는데, 이 친구가 최근 자살을 시도하고 병원에 입원 중입니다. 자주 병문안을 가는데, 여전히 마음을 굳게 먹지 않고 있어서 자꾸만 걱정이 되고 덩달아 나도 식욕을 잃고 밤에 잠도 잘 못 이루지만, 전자의 관점에서 나는 여전히 큰 문제없이 잘 지내는 사람일 뿐입니다. 하지만 후자의 관점에서 보자면, 이 예들에서 나의 '별일 없이 잘 지내는 삶'은 크게 휘청이고 있습니다. 이는 개인의 최소한의 복지와 웰빙을 함께 보장하고 보장받기 위한 '제도화된 사회연대'로서의 사회복지가 인간관에 따라 다른 형태가 될 수 있음을 보여줍니다.

인간의 본모습이 관계 맺고 교류하며 의존하고 돌보는 것이라고 해서 독립적으로 판단하고 선택하는 자율성이 중요하지 않은 것은 아닙니다. 우리는 각자 개별적 생물로 존재하고 개체로서 생각하고 판단하여 자유롭게 선택하고 행동하고자 합니다. 나는 내가 소중히 여기는 누군가를 돕거나 같이 시간을 보내기 위해 내가 즐기고 바라던 무언가를 '스스로' 참을 수는 있지만, 내가 생각해 놓은 일의 순서가 있는데 나에게 영향력 큰 누군가가 이러저러한 이유에서 다른 순서로 하는 것이 더 합리적이니 그렇게 하라고 시키면, (심지어 그 말이 맞다고 머리로는 이해하면서도) 참을 수 없는 마음이 되기도 합니다. 신경과학의 눈으로 보아도, 건강한 유전자 활동 패턴을 불러일으키는 '의미 지향적인 삶의 태도'는 자발적으로 선택된 것일 때에만 작동한다고 합니다.[9] 그만큼 자율성은 우리 인간에게 핵심적으로 중요한 가치라고 할 수 있습니다. 다만, 인간이 관계 맺고 교류하고 의존하며 돌봐야만 하는 존재라면, 그러한 개체적 판단과 자율적 행위의 가능성 자체가 관계를 전제한다고 할 수 있겠죠. 사실 적지 않은 우리의 판단과 행위들은, 스스로 의식하든 의식하지 못하든, 관계에 의해 그 폭이 한정되어 있거나 관계로부터 영향받습니다. 만약 (운이 좋아서) 타고난 가족이 내 삶의 뼈대가 되는 핵심적인 유대관계—내 이야기(삶)의 주인공인 나를 둘러싼 주요 등장인물들—를 형성해 주고 있다면, 하루 중에 내가 하는 판단과 계획과 선택들은 그들과의 관계에 의해 제약을 받는 경우가 많습니다. 예를 들면, 부모님이 걱정하시지 않을 만한 시간에 귀가하고, 친구와의 만남 대신 가족과 함께 저녁을 먹고, 모든 일보다 우선하여 육아를 하고, 사고 싶은 것을 참고, 피곤하지만 집 청소를 하고, 쉬고 싶은 주말이지만 홀로 되신 아버지를 찾아 뵙고, 혼자 대충 식사를 때우고 싶지만 자식들이 걱정할까봐 제대로 차려서 먹습니다. 그렇다고 내 삶이 자율적이지 않은 것도 아니고 그렇게 느끼지도 않습니다. 여전히 나는 자율적이고, 자율성은 나에게 중요합니다. 관계적 존재로서의 본모습을 이야기하면서 동시에 인간에게 자율성이 핵심적 가치라고 주장하는 것이 모순적으로 들릴 수도 있겠지만, 이는 마치 그동안 우리가 의식적이든 무의식적이든 독립적이고 자율적인 개인을 기본이자 정상인 모습으로 가정하고 지향하며 지원하고 독려해 왔지만, 한편으론 '사람은 사회적 동물이며 관계와 교류가 필수적이고 중요하다'는 주장에 늘 공감하고 동의하며, 때론 그러한 생각에 바탕을 둔 일들을 해 온 것과 크게 다르지 않습니다.

이렇게 보면 아주 작은 차이처럼 보입니다. '인간에게는 독립성과 자율성과 관계와 교류가 중요하다'고 이야기해 왔는데, 이제는 '인간에게는 관계와 교류와 독립성과 자율성이 중요하다'고 이야기하자는 것처럼 들립니다. 그 둘이 다르면 얼마나 다르겠습니까. 그렇지만 이 둘은 매우 다릅니다. 전자에서 인간의 본모습은 독립적이고 자율적인 개체로 이해되고, 관계와 교류는 존재 자체의 조건은 아니므로 상대적으로 부차적인 중요성만을 부여받습니다.[10] 후자는 관계와 교류를 인간의 본모습으로 이해하지만 개별적 생물로 존재한다는 사실을 부정할 수는 없으니, 독립성과 자율성 또한 본모습으로 인정하지 않을 수 없습니다. 따라서 후자는 인간을 보다 본격적으로 입체적인 존재－개별적으로 존재하면서 동시에 개별적으로 살아갈 수 없는 존재적 특성을 가진 존재－로 이해합니다. 그래서 다시 이야기하자면, 인간은 자유롭고 이성적인 독립적 존재이지만 관계와 교류를 필요로 하는 사회적 동물이라고 이야기하는 것과, 우리 삶의 본질이자 전제조건이 관계이자 교류이며 그 바탕 위에서 자유를 필요로 한다고 이야기하는 것은 많이 다릅니다. 전자가 생각하는 방식에서는, 예를 들면 '자율적 존재의 관계성'과 같은 표현이 자연스럽고, 후자의 경우라면 '관계적 존재의 자율성'과 같은 표현이 마땅합니다. 전자에서 이야기하는 자율적 존재들의 세상에서는 자유로운 개인에 우선하는 것은 없지만, 후자와 같은 관계적 존재들의 세상에서는 관계가 없으면 자율도 있기 어렵습니다. 인간이 근본적으로 자율적 존재일 때, 각자의 삶의 이야기는 독립적이며, 그 속에 타인을 등장시키거나 다른 이야기들의 맥락 속에 자신의 서사를 위치시키는 것은, 말하자면 각자의 '선택'이라고 할 수 있습니다. 하지만, 인간이 근본적으로 관계적 존재일 때, 각자의 삶의 이야기는 시작될 때부터 이미 다른 이야기들의 맥락 속에 위치하며, 그 맥락은 자신의 이야기를 시작하기 위한 뼈대이자 일정한 제약이 됩니다.

제약이 된다고 하니 부정적인 느낌부터 들지 모릅니다. 하지만, 어떤 사람들은 그로부터 도덕과 정의의 근본 토대를 찾기도 합니다. 근대성-번역하는 사람에 따라서는 현대문명이라 하기도 합니다만, 아무튼 원래 제목에서는 modernity입니다-이라는 것이 한편으로는 홀로코스트(the Holocaust)와 같은 일이 언제든 가능할 정도로 얼마나 야만적일 수 있는지를 파헤친 사회학자 지그문트 바우만도 그중 한 명입니다.

[사르트르의 타아 개념을 빌려 이야기한다면] 타아가 존재한다는 바로 그 사실이 나를 부끄럽게 하며 분노케 하는 끊임없는 원인이 된다. 나는 내가 되고자 하는 모든 것이 다 될 수 없다. 나는 내가 하고 싶은 모든 일을 다 할 수 없다. 나의 자유는 사그라진다. 타아의 현존 아래서는-다시 말해 이 세상에서는-나 자신을 위한 나의 존재는 동시에

불가피하게 타자를 위한 존재가 된다. 행동할 때 나는 타자의 현존, 따라서 그것이 수반하는 정의들, 견해들과 관점들을 고려하지 않을 수 없다.11

레비나스에게서 '타자들과 함께 있음'은 인간 존재의 가장 근원적이고 제거할 수 없는 속성으로 가장 먼저 무엇보다도 책임성을 의미한다. (중략) 나의 책임(성)은 무조건적이다. (중략) 존재론적 책임성 (후략)12

인간이 존재론적 책임성을 가진 존재라면 우리의 자유가 한계가 없는 자유가 될 수 없는 이유는 우리가 익숙하게 생각하듯 '남에게 피해를 주면 안 되니까', 즉 "내가 자유로워야 하는 만큼 타인 또한 자유로워야 하기 때문"이 아닙니다. 서로의 완전한 자유가 서로의 자유를 침해하여 다툼이 끊이지 않는 것보다는 서로 협의하고 합의하여 일정한 선을 정하고 지키는 것이 상대적으로 더 많은 자유를 누릴 수 있기 때문에 자유에 대한 부분적 제약(을 모두가 수용하고 지키는지를 감시하고 통제할 권력을 계약에 의해 국가에게 양도함)을 '스스로 선택'한 것이 아닙니다. 존재와 동시에 무조건적 책임성을 가진다는 것은 제한된 자유가 아닌 것은 처음부터 가능하지 않음을 의미합니다. 이러면 도덕과 정의는 '태초적 자유에 의한 선택'으로 시작되기보다는 '관계하고 교류해야만 하기에 마땅히'로부터 시작됩니다. 그러니까 인간의 본모습을 '자유로운 독립적 개체'로 보는 것과 '함께하는 자유로운 존재'로 보는 것은 "(자유가 있는 내가 이러면 안 된다니) 그런 법이 어딨어"와 "(함께 살아가는 사람이라면 법이 아니라도) 마땅히 그러면 안 되는 거지"만큼 다릅니다. (이렇게 쓰고 보니 이 표현은 근대 이후 자유주의의 사회에서 왜 법치주의가 그토록 강조되고 발전했는지도 재미있게 담고 있네요. 하지만 여기서 이는 우리의 초점이 아닙니다.[13])

앞서 생각해 보았듯이 우리에게는 자유(자율성)가 핵심적으로 중요한 가치인 만큼, 인간에게서 독립적이고 자율적인 개인의 모습을 본 근대 인간관이 완전히 틀린 것은 아니죠. 다만, 인간은 입체적인 존재인데 그 본모습의 한쪽만 보았다고 말할 수 있겠습니다. 만약 관계하고 교류하는 인간의 모습만을 이야기한다면 그것 또한 한쪽만을 보는 것이 될 것입니다. 이제는 두 모습을 다 보는 것이 필요합니다. 그리고 두 모습을 다 볼 수 있을 때만 인간의 관계성도, 인간의 자율성도 제대로 이해할 수 있습니다. 우리는 타인에 대한 공감과 같은 정서가 동기가 되어 행동하기도 하지만, 개체로서의 나의 이익을 위해 계산하고, 자기중심적으로 행동하거나 경쟁하기도 합니다. 조금만 생각해 보면 이 두 가지는 완벽하게 분리되기 어렵다는 것을 알 수 있습니다. 어떤 때에 어떤 점이 더 강하게 작용했느냐의 문제일 뿐입니다. 영장류학자이자 동물행동학자인 프란스 드 발이 이기적 행위와 이타적 행위를 구분하는 것에 대해 근본적인 의문을 제기하는 이유입니다.[14] 관계적 존재로서의 본성과 개체적 존재로서의 본성은 단순히 병립하고 있는 것이 아니라, 서로 밀접하게 연결되어 있습니다. 리프킨은 이와 관련한 여러 실험 근거들을 살핀 후에 이를 '변증법적 관계'라고 표현합니다. 안정적인 관계가 거점이 될 때 (배려심을 갖춘) 독립심을 더 발휘하게 되고, 이는 타인의 신뢰를 얻음으로써 더 넓고 깊은 사회적 관계망을 만들게 한다는 것이죠.[15] 삶을 이야기에 비유했던 것을 떠올려 보자면, 주인공인 나와 관계된 주요 등장인물들이 탄탄히 자리잡은 이야기의 뼈대(안정적 유대관계)가 있으면 나는 더 자신있게 새로운 선택들을 하며 나의 이야기와 등장인물의 범위를 넓혀 나갈 수 있습니다. 그리고, 그것은 나로 하여금 더 많은 타인들의 이야기 속에 등장하게 하여 타인의 삶에 기여하게 하고, 결국 다시 나의 이야기를 더 풍성하게 만듭니다.

인간은 개체적이지만 동시에 비개체적인 존재입니다. 관계 위에 서 있는, 이성을 가진 자유로운 존재입니다. 이는 비유하자면, 손가락만 볼 때는 개체적이지만, 손바닥 없는 손가락은 (공포영화의 한 장면이 아니라면!) 가능하지 않은 것과 같습니다. 손바닥과 연결된 손가락으로 보지 못하면 손가락의 움직임과 그 한계 등을 제대로 이해할 수 없는 것과 같습니다. 인간은 관계적 본성과 개체적 본성 모두를 가진 입체적 존재입니다. 이러한 입체성은 대립하는 것이 아니라 서로의 실현을 돕는 상보적 관계이며, 따라서 두 가지 본성적 욕구의 충족은 균형적으로 이루어질 때 가장 성공적일 수 있습니다. 개체적 독립성을 가지고 합리적 능력을 자유롭게 발휘하는 것만 중요한 것이 아니라, 유대관계를 갖고 그 관계에서 상호작용하는 것도 중요합니다. 둘 중 어떤 면이든 잘 안 되면 지원해 주고 보장해 주어야 최소한의 수준에서라도 본성적 욕구가 충족된 '별일 없이 잘 지내는 삶'을 살아갈 수 있습니다. 자유롭고 독립적인 개체로 인간을 이해한 것은 반쪽짜리 이해에 불과합니다. 그리고 — 결국 이것을 힘주어 이야기하고 싶은 것인데 — 우리의 모든 제도, 법, 생활양식과 행동양식 등은 우리가 인간을 어떻게 이해하고 있느냐에 기초하고 있기 때문에 독립적이고 자유로운 개인을 정상이자 이상으로 전제하고 있는 현재의 우리의 생활과 시대를 조건 짓고 구성하는 거의 모든 것들은, 아쉽지만 반쪽짜리로서의 한계를 갖습니다. 이 한계를 제대로 극복하고 싶다면 그 출발은 인간관, 인간에 대한 이해일 수밖에 없습니다.

사회적 연대를 제도화하는 일도 예외가 아닙니다. 사회 구성원 모두의 차별받지 않는 무탈한 삶을 지원하고 보장하기 위한 우리 모두의 집합적인 노력이라 할 수 있는 사회복지를 비롯한 다양한 사회정책이 지금까지와 같이 '자율적이고 독립적인 삶'(만)을 지원과 보장의 목표이자 이상으로 삼는다면, 온전하게 무탈한 삶들을 위한 존재 기반으로서의 '관계'는 계속 정책의 시야 바깥에 놓여 있게 되고 결국 반쪽짜리 정책에 머물게 될 것입니다. (의도와는 달리) 의존하는 삶의 모습을 비정상화하고 낙인의 대상이 되게 만드는 일이 지속될 것입니다. 또한, 증가하는 은둔 청년이나 중장년 고독사의 문제에서 보듯이, 자율과 독립의 (그 시각에서) '정상적인' 형태를 얼추 갖춘 구성원들의 고립된 개체화의 흐름에 계속 무력할 수밖에 없을 것입니다. 그리고 그러한 인간관은 우리들 자신에게 스며들어 내면화됩니다. 타인의 도움 없이 스스로 독립적으로 일상을 영위하지 못하게 되면 바로 자신의 존엄과 존재 가치를 의심합니다. '내 인생은 끝났다, 더 살 가치가 없다'고 생각하며 우울에 빠지거나, 안락사를 원하게 됩니다.[16] 이런 생각을 강하게 가질수록, 혹은 더 많은 다수가 가질수록 해당 사회가, 예를 들면 노인과 장애인과 아동에 대해 우호적이기는 힘들 것입니다. 독립적으로 일상을 영위하거나 돈을 벌지는 않는다 하더라도, 우리 모두가 각자 타인의 삶의 이야기에 등장하고 기여함으로써 그들을 살게 하고 살만하게 하고 있다는 것은 생각하지 못하죠.

외로움의 문제나 독립적인 일상에 지나치게 자신의 존재 가치를 부여하는 문제 등이 우리보다 더 관대한 사회복지의 체계를 갖춘 사회들에서도 똑같이 목격되고 있는 현실은, 이 문제가 연대의 제도화 '수준'이 낮아서, 즉 사회보장이나 사회정책이 관대하거나 포용적이지 못해서 생기는 것이라고 설명하기는 어려움을 시사합니다. 제도가 발 딛고 있는 근본적인 토대인 인간관에 의심의 눈길을 던져 보는 이 글이 아주 엉뚱하고 불필요한 일을 하는 것은 아니라는 하나의 근거가 주어지는 것이죠. 그렇다면 이제 용기 내어 그 '의심하기'를 차근차근 해볼 수 있겠습니다.

연대의 새로운 문법

02장

02장

이 글은 두 가지 생각에서 시작됩니다. 하나는 제도화된 사회연대, 즉 사회복지가 저 아래 근본적인 곳에서는 인간관에 연결되어 있다는 것입니다. 다른 하나는 현대의 사회복지가 일종의 전환이 필요한 어떤 한계를 드러내고 있다는 것입니다. 전환의 필요 자체에 대해서는 사회복지 분야 내에는 상당한 정도의 공감대가 형성되어 있는 듯합니다. 아마도 '사람들의 욕구와 문제를 해소하고 치유하지는 못하고 관리만 하는 현재 사회복지 체계의 근본적인 전환이 필요하다'는 영국의 사회혁신가이자 실천가인 힐러리 코텀의 주장[17]이 분야 내에서 적지 않은 반향을 일으켰던 이유일 것입니다.

먼저 사회복지가 인간관에 바탕을 두고 있다는 생각은 현대 사회복지의 기틀이 되는 청사진을 그려준 것으로 잘 알려진 영국의 윌리엄 베버리지로부터 들어볼 수 있습니다. 그는 복지국가의 탄생이 기아의 위협에서 자유로워지면 현재에 머물고 의존적이고 게을러지는 것이 아니라, 이상과 희망을 추구하게 될 것이라는 인간의 본성에 대한 특정한 믿음에 기초하는 것이라고 했습니다.[18] 이 같은 믿음은 20세기 후반부터 활발히 논의되어 온 기본소득의 주장에서도 공유되고 있죠.[19] 사실 평소에 우리가 굳이 생각해보지 않을 뿐, 매우 익숙한 이야기입니다. 사회복지는 사회보장의 출발부터 현재에 이르기까지 '사람은 배고프지 않으면 일하지 않으려 하고, 게을러지고, 의존하려 든다'는 믿음과 '그렇지 않다, 결국 의미 있는 일, 자아실현에 나서게 된다'는 믿음 사이의 긴장 위에 서 있죠. 이것이 믿음 사이의 충돌이 아니라 긴장인 이유는 사회복지의 필요 여부에 대한 일회적인 갈등이 아니라, 사회복지의 관대함의 수준을 놓고 계속되는 갈등이기 때문입니다. 솔직히 말하면 이러한 긴장과 갈등은 우리 각자의 마음속에서도 사라진 적이 없는 것 같습니다.

사실 모든 정책이나 제도, 법률과 같은 것은 그것이 만들어지던 시대의, 조금 더 좁게는 그 당시 그러한 것들을 만드는 힘이 있는 사람들이 가진 인간의 본성에 대한 믿음이나 바람직하다고 생각하는 인간상이나 생활양식을 반영하므로, 사회복지가 인간관과 연관되어 있다는 것은 한 번만 생각해 보면 알 수 있는 당연한 일입니다. 이와는 달리 현대의 사회복지가 어떤 전환이 필요한 상황에 이르렀다는 주장은 그러한 진단에 대한 동의 여부나 아니면 전환의 수준과 내용을 둘러싼 많은 다른 생각들이 가능한 것이라 조금은 긴 이야기가 필요할 것입니다.

우선 우리 사회복지에 대해 생각해 봅니다. 우리가 그에 대해 일종의 불만족과 걱정이 있다면, 즉 우리 사회 구성원 모두가 별일 없이 잘 지내게 하는데 성공하고 있지 못하다면, 그것은 오로지 우리 사회복지가 아직 '충분하지 못해서'일까요? 그럼 조금 더 충분히 지원하고 보장하기만 한다면 성공할 수 있을까요?

일단 아직 충분하지 못한 것은 분명합니다. 코로나 팬데믹은 우리 소득보장과 돌봄보장 체계의 부족함을 잘 보여주었죠.[20] 불평등과 불안정이 급속히 확대되는 국면에서 보니 우리 소득보장 제도는, 사회보장 체계가 잘 갖추어져 있는 사회들은 고려하지 않은 '재난지원금'과 같은 일회성 소득지원이 필요한 취약한 것임이 새삼 드러났습니다.[21] 사회적 돌봄을 '휴관하거나 중단하거나 코호트 격리하고' 오로지 개인과 가족의 힘으로 버텨내라고 하는 시간을 겪으면서[22], 우리 돌봄보장 제도가 여전히 얼마나 가족 의존적이고, 얼마나 기능적 시각－돌봄은 누구나 할 수 있고 쉽게 대체될 수 있는 것이라는－에 기초하고 있는지를 새삼 확인했습니다.[23] 자연스레 소득보장과 돌봄보장의 획기적인 확대가 시급하다는 주장에 다시 힘을 모을 수밖에 없었습니다. (물론 그러한 획기적인 수준의 확대는 이루어지지 않을 거라는 슬픈 예감을 하면서.[24])

그렇지만 코로나 팬데믹 이전부터 있었던, '지금 문제가 그것 말고도 뭐가 있었는데…' 하는 마음, 왠지 모를 가슴 한 켠의 답답함은 해소되거나 잊혀지기는커녕 꾸준히 자리를 지키며 조금씩 커져 온 듯싶습니다. 이 마음은, 사회복지 지출이 늘어나고 소득과 돌봄의 최소한의 보장 수준이 높아지는 것이 정말 필요하고 중요하지만, 한편으로는 왠지 그것만으로는 쉽게 해결될 것 같지 않은, 무언가 놓치고 있는 문제가 있는 것 같다는 그런 생각과 연결되어 있습니다. 시사주간지 〈시사IN〉의 변진경 기자는 각 20여 년의 시차가 있는 대표적인 도시 빈민 문학 세 편을 통해 '가난'의 모습과 성격이 어떻게 변화해 왔는가를 짚어주는데, 우리의 그러한 '뭔지 모를 답답함'의 일면을 잘 보여주는 것 같습니다.

세 종류의 가난 이야기가 있다. 첫 번째는 선과 악, 정의와 타락이 대립하던 시기의 가난이다. 다수가 가난했지만 그들 사이는 진흙처럼 끈끈했다. 건너편에는 선명한 악의 실체가 존재했다. 〈난장이가 쏘아 올린 작은 공〉(조세희, 1978)이다. 이후 20년, 가난에서 물기가 말라갔다. 가난이란 누구의 잘못인지를 물어 싸우기보다 어서 빠져나가야 할 대상이 되었다. 궁핍할지언정 단단하게 뭉쳐 있던 가족과 마을공동체가 허물어지기 시작했다. IMF 외환위기 직후 '우리 모두의 가난'이 '나의 가난'으로 변하는 길목에서 〈괭이부리말 아이들〉(김중미, 2000)이 나왔다. 또 한 번 20년이 흘렀다. 가난은 이제 바삭바삭해졌다. 우리 모두의 가난은 이제 사라졌다. 각개전투 모래알 같은 각자의 가난만 남았다 (중략) 〈곁에 있다는 것〉(김중미, 2021) (중략) 〈괭이부리말〉의 시절은 〈난쏘공〉의 (중략) 시절보다 확실히 덜 배고팠다. 하지만 훨씬 더 외로워졌다. 분노도 덜했지만 희망도 덜했다. 더 이상 빼앗길 게 없을 것 같던 가난의 주머니 안에도 가족 · 이웃 · 마을이라는 쌈짓돈이 들어 있었다는 사실을 (중략) 잃고 나서 알게 되었다 (중략) 그 시절의 가난에는 그래도 공통의 추억거리가 있었다. 지금은 그것마저 쌓이지 않는 가난이다. 고립되고, 체념하고, 꿈꾸지 않는 가난이다 (중략) 고립

돼서 각자 가난을 겪는 2021년의 (중략) 사람들은 예전보다 훨씬 주눅이 들어 있다. 〈난쏘공〉이나 〈괭이부리말〉 시절까지도 가난이 그렇게 부끄러운 것만은 아니었다. (중략) 지금은 아니다. 가난이 혐오의 대상이 되었다. 임대아파트에 사는 사람들을 조롱하고 온갖 말에다 '거지'를 붙여대는 말장난에 거리낌이 없는 사회다. 세상도 그러하고 가난한 이들 스스로도 내면화했다 (중략) 가난은 이제 혐오 아니면 상품화의 대상이 되었다.[25]

왜 가난은 혐오의 대상이 되고, 고립되며 스스로 체념하는 것이 되었을까요. 가난을 비롯해서 그간 우리가 '사회적' 위험이라고 믿어왔던 것들은 점점 더 개인의 문제로 여겨지고 있습니다. 세상만 그렇게 변한 것이 아니라 위험의 당사자들 스스로가 그렇게 내면화하고 있습니다. 청년들은 불평등과 불공정의 사회구조에 주목하기보다는 개인이 마주하는 경쟁 절차의 공정성에 집착합니다.[26] 더 정확히 이야기하자면 그렇게 내몰리고 있는 것이죠. 그리고 이러한 변화는 우리 사회만의 현상이 아닙니다.

미국의 사회학자 제니퍼 실바는 최근으로 올수록 부족해진 사회안전망과 심화된 양극화 속에서 최소한의 개인적인 삶의 안정—부모 세대가 당연한 과정처럼 성취하고 누려온, 학교를 졸업하고 취직하고 결혼하고 집을 갖고 아이를 키우는, 이른바 평범한 성인의 삶의 모습—을 위해 홀로 힘들게 헤쳐 온 미국 노동계급 청년들의 생각을 파헤쳐 보여줍니다.[27] 이들이 이룬 현재는 그들이 보고 자란 '평범한 성인의 삶'에 미치지 못하는,

불안정한 수입으로 집세와 식비 등을 그럭저럭 감당하는 삶일 뿐이지만, 이들은 그러한 자신의 삶을 도덕적인 잣대로 삼고 있으며, 그리하여 타인들도 모두 자신처럼 홀로 고투하며 사는 것이 옳다고, 지금 우리 사회에서 이야기되는 방식으로 하자면 그것이 공정한 것이라고 믿고 있습니다. 이들은 연대가 아니라 자족(自足, self-help)을 신뢰하며, 노동시장의 구조나 사회구조가 아니라 노동시장에서 실패한 자들을 비난합니다. 이들의 내면에는 정치나 사회제도, '우리'와 연대의 개념 대신 '나'와 자족, 노동에 대한 낮은 기대치, 타인과의 단절과 (초라하지만 어쨌든 내가 힘겹게 일궈온 자립을 뒤흔들 수 있는) 헌신하는 (남녀) 관계에 대한 경계, 사회제도에 대한 폭넓은 불신 등이 깊게 자리잡고 있습니다.

이는 우리가 경험해 왔듯이, 미국만의 또 청년들만의 이야기가 아닙니다. 사회적 위험들은 개인화, 사유화(私有化)되었으며, 따라서 각 개인이 정서적, 심리적 치료(therapy)와 성장을 통해서(만) 행복에 이를 수 있다고 보고 '자아 심리학'에 집착하는 경향을 빚고 있습니다.[28] 바로 우리에게 심리 상담과 심리치료 전성시대가 찾아온 이유입니다. 우리도 모르게 자기 자신만이 스스로의 행복에 책임이 있다는 이데올로기는 강화됩니다.

위험의 극복, 안정, 행복이 모두 온전히 개인의 문제로 이해될 때, 관계는 주로 속박이자 (기회)비용으로 여겨질 수밖에 없을 것입니다. 그러니 제니퍼 실바가 연구 대상 청년들이 점점 더 외로워지고 있음을 목격한 것은, 그들이 점점 더 '관계(의 속박과 비용으)로부터 자유로운 삶'을 (피할 수 없기 때문에) 스스로 선택해 왔음을 볼 때 놀라운 일이 아니죠. 이로부터 우리는, 위험의 원인을 개인에게서 찾고 그 극복 방안도 개인의 심리에서 찾는 '위험의 개인화'가, 현대 사회에서 흡연이나 비만만큼 건강을 해치는 요인으로 다뤄지기 시작한 사회적 질병으로서의 외로움과 고립[29]이 증가하게 된 배경과 연관되어 있음을 알 수 있습니다. 그간 외로움과 고립에 대한 연구들은 주로 건강이나 인구사회학적 변수, 관계망의 크기와 만족도 등 직접적이고 미시적인 영향 요인들을 실증적으로 밝히거나,[30] 지리적인 이동성의 증가나 지역공동체의 결속력 약화, 그리고 1인 가구의 증가와 같은 사회구조적 변화를 배경 요인으로 지목해 왔는데,[31] 조금 다른 각도에서 외로움과 사회적 고립의 증가를 이해해 볼 필요가 있겠습니다.

위험은 왜 개인화되었을까요. 이에 대해서는 적지 않은 분들이 신자유주의(neo-liberalism)를 지목하는 것 같습니다. 신자유주의에 따른 유연화된 경제와 불안정해진 노동시장, 얇아진 제도적 보호(사회안전망), 심해진 불평등과 양극화 등이 원인이라는 것이죠.[32] 특히 경제학자 노리나 허츠는 신자유주의가 가져온 다양한 변화가 어떻게 현대의 고립과 외로움으로 연결되었는지 조목조목 진단하여 주기도 했습니다.[33]

신자유주의는 20세기 마지막 4분의 1이 시작되는 1970년대 중반부터 2008년 미국발 경제위기까지가 전성기라 볼 수 있을 것이고, 하나의 이데올로기로서 본격적인 등장은 신자유주의의 대표적 이론가인 미국 경제학자 밀턴 프리드먼의 책 〈Capitalism and Freedom〉[34]이 나온 1962년보다 이전으로 거슬러 올라갈 필요는 아마 없을 것입니다. 그의 책은 1920년대 말부터의 대공황 이후 뉴딜정책으로 대표되는 공공정책의 발전과 누진적 구조의 조세 확대 및 사회(복지) 정책의 발전－이 당시에는 '복지국가'라는 용어가 일반적이지 않지만, 우리에게 익숙한 방식으로 표현하자면 복지국가의 발전－이라는 맥락을 배경으로 하며, 1970년대 이후 다양한 영역에서 다양한 방식으로 변주된 복지국가 비판의 핵심 논리들이 그야말로 모두 담겨 있는 듯합니다. 신자유주의의 고전이 된 데에는 다 이유가 있는 것이겠죠.

프리드먼과 신자유주의자들의 눈에는 지나친 조세가 투자하고 싶은 마음과 기업가정신을, 지나친 복지가 노동하고 싶은 마음을 내쫓은 것으로 보입니다. 그들에게는 한편으로는 성공에 대한 보상과 실패에 대한 부담을 줄임으로써, 다른 한편으로는 공적 영역을 확대하느라 민간 시장 영역을 위축시킴으로써 선택의 자유를 통한 합리와 효율의 달성이라는 시장 원리를 약화시킨 것으로 생각됩니다. 이들은 불평등과 빈곤은 다른 것인데 이를 혼돈하여 '빈곤문화' 등의 원인은 보지 못하고 집단책임주의(collectivism)와 온정주의(paternalism)의 유모국가를 만들어 무책임하고 의존적인 태도를 배양했다고 주장합니다. 경쟁과 혁신의 토대를 허물고 자조의 정신과 시민적 의무감을 잊게 하였으니, 결국 복지국가는 스스로 자신의 도덕적,

재정적 조건을 밑동부터 갉아 먹어 왔다는 것이죠. 더 근본적인 문제들도 제기합니다. '모든 이들에게 공정한 몫(fair share)을 보장해야 한다'지만 무엇이 공정한 몫인지를 정부가 정의하고 있는 것은 지나친 권력 행사라고 지적합니다. 의무와 책임과 공적(功績) 대신에 권리와 자격과 욕구를 강조하지만, 무엇이 우리에게 좋은지를 우리보다 국가가 더 잘 안다는 전제가 깔린 '공공선을 위한 평등주의 정치'는 개인의 자유와 자기결정의 공간을 축소하는 것이라 비판합니다. 신자유주의의 전성기 동안 우리가 경험해 온 변화들은 대부분 이러한 논리에 기반하고 있습니다. 복지국가의 규모와 공적 영역을 축소해야 한다, 그 대신 민간보험, 그러니까 시장의 영역을 넓혀 경쟁에 의한 효율을 높여야 한다, 누진적 조세를 폐지하거나 축소해야 한다, 현금지원 중심으로 복지제도를 설계해서 시장을 활성화해야 한다, 빈곤층만을 선별해서 직접 지원해야 한다 등.

이 모든 것을 관통하며 신자유주의를 상징하는 단 하나의 표제(標題)를 붙이자면 바로 '선택이라는 자유의 신성함'이라 할 수 있겠습니다. 언뜻 보면 자발적인 선택은 자율성이라는 우리 인간에게 핵심적인 가치를 잘 상징하는 것 같습니다. 하지만 자타가 공인하는 자유주의 사상가인 프랜시스 후쿠야마가 신자유주의를 '자유주의가 극단으로 치우쳐 자유주의의 원칙 자체가 손상되어 나타난 현상'으로 비판하는 것에서 볼 수 있듯이[35] 신자유주의의 가치와 자유주의의 가치는 같지 않습니다. 다시 생각해 보면 무엇이든 스스로 결정할 수 있는 것과 무엇이든 스스로 선택할 수 있는 것은 조금 다르죠. 아무래도 결정이 선택보다는 더 넓은 의미인 것 같습니다. 맞습니다. 신자유주의자들은, 이성을 가진 개인이 합리적인 판단과 결정을 내리고 그에 따라 행동하는, 다시 말해 자율성을 실현하는 전형적 모델을 시장에서 찾았습니다. 자유와 자율성을 소비자적인 선택 행위로 좁혀서 사고한 것이죠. 후쿠야마는 이를 두고 자율성을 '국가의 간섭 없이 자유롭게 경제적으로 사고파는 권리로 왜곡한 것'이라 비판합니다.

우리가 경험해 왔듯이 신자유주의는 30년 넘게 세계의 (더 부유하고 더 영향력 있는 사회들에서) 지배적 이데올로기로 작동했습니다. 이는 신자유주의가 이해하는 자유, 그러니까 시장적 개념으로서의 자유와 자율성이 사회 전반에 통용되는 가치 기준이 되었음을 의미합니다. 저는 이것이 역사-경제학자 칼 폴라니가 시장과 자본주의의 발전 과정을 역사적으로 되짚으며, 사회를 이루는 여러 하위체계 중 하나였던 경제가 사회로부터 독립하여 오히려 사회 전 부문에 경제의 원리를 관철하고 그들을 자신의 하위체계로 복속시켜 왔다고 진단한 흐름36의 최종적인 완성을 의미하지 않나 싶습니다. 경제 외의 다른 부문에서는 다른 의미일 수 있고 또 그래야 마땅한 '합리성'을 희소한 자원의 효율적 사용이라는 생산 합리성의 의미 하나로 왜소화한 것은 실천의 원리 측면의 일이었다면, 자유의 의미를 시장 행위의 자유로 왜소화한 것은 근본적인 가치 측면의 일이라고 할 수 있을 테니까요. 이 '완성'의 결과, 예를 들면 이제 표현의 자유는 '표현 시장'에서의 자유가 되었습니다. 당연히 그 시장 안에서 더 강한 자들이 더 많이 갖고 더 많이 누리는 자유이자 권리가 되었습니다. 시장이란 원래 그런 것이니까요. 시장의 원동력은 불평등이죠. 불평등한 보상에 대한 기대가 유인으로 작동하는 체계입니다. 강한 자, 그러니까 우리에게 더 익숙한 방식으로 이야기하자면 더 능력 있는 자가 더 많이 갖고 더 많이 누리는 것을 원리로 작동함으로써 생산 합리성을 이루어 사회 전체에 기여하는 체계죠. 자유가 선택의 자유, 시장적 자유로 치환되자 표현의 자유가 곧 표현 시장에서의 자유로 받아들여지게 되고, 우리는 그것을 의문시하지 않게 되었습니다. 돈과 권력이 있어서 매체를 소유하거나 매체에 영향을 끼칠 수 있는 표현 시장의 강자들이 더 많은 표현의 자유를 누리는 것을 당연하다 생각하게 되었습니다. 마찬가지로 거주이전의 자유는 '거주이전 시장'에서의 자유가 되었죠.

신자유주의는 사실 우리 시대의 '범용' 피의자, 그러니까 아주 많은 부정적 현상의 원인 제공자로 지목되고 소환되고 욕을 먹는 대상으로 역할을 하는 듯한 느낌이 있습니다. 그리고 여기서도 "이게 다 신자유주의 때문이야"라고 하는 순간 우리의 고민은 조금 편해지는 측면이 있을 것 같습니다. 하지만 의아한 점은, 이러한 이야기들은 신자유주의가 어떻게 우리 사회의 구조를 변화시키고 그리하여 지금의 불편한 현실을 만들었는지를 보여주고 있지만, 그러한 시대를 관통해 현재에 이른 우리는 왜 사회와 구조에 주목하지 않게 되었는지를 설명해주지는 않는다는 것입니다. 불안정한 노동시장과 얇아진 사회보장이 문제의 원인이라면 예전보다도 더 우리는 그 문제들을 이야기하고 있어야 하는데, 왜 사회와 구조가 아니라 우리 자신에 몰두하고 있는 것일까요? 다시 말하면 '신자유주의 지목하기'는 왜 우리 스스로가 위험의 개인화와 사유화의 이데올로기를 내면화하게 되었는지에 대해서는 만족스럽게 설명해 주지 않습니다. 아무래도 우리에게는 신자유주의보다도 더 아래 지층에서의 흐름 혹은 더 긴 시대적 흐름을 살펴볼 필요가 있는 것 같습니다.

20세기의 자본과 노동, 사회관계의 변화를 예리하게 분석해 준 손꼽히는 학자 중 한 명인 사회철학자 앙드레 고르즈는 1960년대의 변화와 관련해서 흥미로운 이야기를 한 바 있습니다.[37] 2차대전 이후 발전해 온 복지국가는 일종의 '욕구에 대한 독재'였고, 국가 정책의 수동적 대상이 된 노동계급과 시민들은 점차 이에 대한 피로감과 거부감을 쌓게 되었으며, 이것이 1970년대 이후 신자유주의가 쉽게 수용되는 한 원인이 되었다는 것입니다. 이는 전후 복지국가가 '포드주의적'인, 즉 '소품종 대량생산적'인 접근이었다는 사실을 상기시켜 줍니다. 그 당시는 (그리고 사실 지금까지도 적지 않은 영역에서) 포드주의가 생산주의라는 하나의 지배적인 문화적 양식으로 거의 사회 전 부문에 자리잡은 시기였음을 생각하면 사실 특별한 현상은 아니라고 하겠습니다.

우리가 잘 알다시피, 20세기 전반을 지배했던 포드주의 생산방식은 표준화, 분업화, (표준화와 분업화로 가능해지는 컨베이어벨트 시스템, 그러한 시스템이 요구하는 중앙집권적이자 관료적인 통제, 그리고 기계적이고 반복적인 노동에 의한) 대량생산, 규모의 경제, 가격 경쟁, 수요 기반—노동자가 자신이 생산한 제품(포드 자동차)을 구매할 수 있을 만큼의 임금소득을 지급—등을 의미합니다. 이는 과거에 경험하지 못한 생산성의 향상을 가져왔으며, 특히 전쟁 후의 재건과 개발이라는 문맥까지 더해져, 수요와 생산의 확대는 곧 더 높은 생산성과 이윤율과 경제성장과 임금 상승으로 귀결되었습니다. 이러한 경험이 일종의 확대와 성장에 대한 긍정적 신념을 만들고 강화한 것은 자연스럽다고 하겠습니다. 바로 생산주의입니다.

생산주의는 산업 분야를 넘어서 사회 전 분야에 걸친, 생산성 향상과 경제성장을 최고의 가치로 삼는 하나의 문화적 경향 혹은 이데올로기가 되었습니다. 우선 수요 관리에 초점을 둔 케인즈주의 정책에 영향을 주었거나 최소한 잘 조응했습니다(포드주의와 케인즈주의가 그 성쇠에서 시기적 유사성을 갖는 것은 놀라운 일이 아닙니다). 인간과 시민으로서의 사회적 권리도 확대와 성장으로 더 잘 보장될 것으로 기대되었습니다. 경제성장(GDP의 상승)은 사회적 권리를 보장하는 데 필요한 '파이'를 키워 보장의 질을 높여줄 것이기 때문에, 그리고 경제성장은 고용과 수요와 생산의 확대를 통해 가능할 것이기 때문에, 그 권리의 보장은 고용, 그러니까 임금노동으로서의 일, 다시 말해서 경제성장에 대한 기여(의 가능성)를 중심으로 이루어질 때 '선순환'할 수 있을 것이었습니다. 바로 전후 사회복지가 일(임금노동)을 중심에 놓거나 최소한 일(임금노동)과의 밀접한 관계 속에서 구상되고 제도화된 이유입니다. 따라서, 정치학자 로버트 구딘의 지적대로 '누구나 일하여 자조(self-help)

하되, 불가피한 낙오자에 대해 사회적 권리를 보장(자유주의 복지체제)'하든, '일하는 가장이 고용주와 함께 기여하는 보험을 통해 가족 구성원 모두의 사회적 권리를 보장(조합주의 복지체제)'하든, '모든 시민이 일함으로써 사회에 기여하고 그들 모두의 사회적 권리를 보장(사민주의 복지체제)'하든 모두 근본적으로는 생산주의적이라 할 수 있는 복지체제가 발전했습니다.[38] 시민의 사회적 권리 보장을 위한 사회복지가 경제성장과 생산성 향상에 기여해야 한다는 믿음을 전제해 왔던 것이죠.[39]

포드주의와 생산주의는 초기 생산성 향상과 경제성장을 통해 긍정되고 환영되면서 부문을 가리지 않고 하나의 지배적인 문화적 양식으로 자리 잡았지만, 점차 표준화 및 대량생산 방식에 내재한 중앙집권적 통제 및 관료제적 경직성과 대상화, 그리고 표준적이지 않은 고유함들의 삭제와 배제의 문제 등으로 인해 노동자와 시민들에게 피로감을 주게 됩니다. 노동에서뿐 아니라 사회복지에서도 마찬가지입니다. 생산주의 패러다임에 기초한 복지국가에서 시민의 욕구는 생애주기에 따라 표준화되어야 했고, 그러한 표준적인 범주에 들어맞는 욕구는 국가의 표준화된 대응방식에 의해, 다시 말해 중앙집권적으로 통제되는 방식에 의해 현금 또는 현물로 충족되었습니다.[40] 표준적인 범주에 들지 못하는 개인의 욕구는 삭제되었고, 이전 시대부터 존재해 온 자치적이고 자율적인 대응은 국가에 의한 표준적인 대응이 아니라는 이유로 배제되었습니다. 고르즈가 지적한 대로 '욕구에 대한 독재'이면서 시민 개개인을 국가 정책의 수동적 대상으로 만든 측면이 있죠. 결국 사회 전 부문에 걸쳐 어떤 표준적이고 통제적인 접근에 대한 광범위한 거부감이 누적되었고 결국 이것이 1967년부터의 사회적 저항운동(반문화 운동, 68혁명 등)의 배경이 됨과 동시에, 1970년대 이후 신자유주의가 상대적으로 쉽게 수용되는 배경이 되었다는 것입니다.

여기서 우리는 1960년대와 1970년대에 걸친 거대한 사회적 운동과 의식 변화의 밑바닥에 개인의 고유함에 대한 존중과 인정에 대한 목마름이 점차 심화되다가 참을 수 없는 갈증으로 터져 나온 흐름이 있음을 알 수 있습니다. 여기에는 중앙집권적이고 관료제적인 정부의 개인 영역에서의 후퇴, 즉 경직된 통제의 유연화를 요구하는 측면이 있죠. 개인의 선택의 자유를 강조하는 신자유주의는 이 점에서 시대의 흐름과 잘 맞아떨어집니다. 하지만 신자유주의가 그토록 무서운 지배력을 갖게 된 것은 자본주의 생산체제의 변화와 관련된 시대의 흐름과도 잘 맞았기 때문이라고 보아야 할 것입니다. 시장이 사실상 포화상태에 이른 1970년대가 되자 포드주의식 성장은 더 이상 가능하지 않았습니다. 자본은 내구연한이 짧으면서 소비자의 기호와 유행에 맞춘 다양한 품종의 제품을 재빨리 생산하는 유연함으로 대응해야 했으며(포스트포드주의), 이에 필요한 노동시장의 유연화와 자본시장의 유연화(자본이동 규제 완화와 자본의 수익에 대한 세금 완화)를 요구하게 됩니다.[41] 경제와 사회정책 영역에서 국가의 후퇴와 통제의 유연화를 요구하는 것인데, 이것이 신자유주의를 만나 선택의 자유 확대라는 정당화 논리를 획득하게 되었던 것이죠.

따라서 가난과 실업 등의 문제를 사회구조에 투영하지 않고 개인의 책임으로 보려 하는 문제, 그리고 우리 각자가 점점 고립과 외로움에 빠져가는 문제에 대해 '신자유주의를 범인으로 지목하기'는 깊은 층위에서는 그다지 잘 작동하지 않을 것입니다. 앞서 이야기한 것처럼 신자유주의는 왜 우리 스스로가 위험의 개인화와 사유화의 이데올로기를 내면화하게 되었는지에 대해 많은 이야기를 해주지 못합니다. 그런 흐름에 올라타 가장 성공한 하나의 생각일 뿐이기 때문입니다. 제가 보기에는 '개인의 고유함에 대한 존중과 인정에 대한 목마름'이라는 흐름을 잘 설명해 주는 것이 사회학에서의 '개인화' 논의입니다.

앤서니 기든스, 지그문트 바우만, 울리히 벡 등은 '후기 근대(late modern)' 사회의 특징 중 하나로 '개인화'를 제시한 바 있습니다.[42] 여기서 우리는 일단 후기 근대라는 용어 자체를 생각해 봐야 할 것입니다. 이는 우리 사회에서도 한때 뜨거웠던 개념인 '탈근대(post modern)'와는 다른 인식을 시사하고 있습니다. 바로 근대와 근대화는 여전히 현재 진행형이라는 인식입니다. 다만 전기와 후기로 나눌 수 있을 만큼의 중요한 성격 변화가 있었다는 것이겠죠. 그리고 잘 알려진 것처럼 근대로의 변화, 다시 말해 근대화를 대표하는 두 가지 양상이 분화와 개인화일 때, 이들이 사용하는 '개인화'는 개인화의 두 번째 국면, 그러니까 2차 개인화를 의미합니다. 진행형인 근대를 전기 근대와 후기 근대로 나누어 보는 것과 마찬가지인 셈이죠. 다시 말해 개인을 준거로 삼는다는 개인화의 방향은 진행형이지만, 1차 개인화는 개인을 준거로 삼기 위해 모든 부문에서 이제까지 원리와 법칙과 기준을 제시하는 역할을 하며 개인을 속박해 온 전통과 종교와 위계와 조직과 권위들을 해체하고 끊어내는 과정이었고, 2차 개인화는 본격적으로 개인을 기준으로 세우는 심화 과정이라고 나누어 볼 수 있다는 것입니다. 여기서 '개인화'라는 용어가, 우리가 평소에 흔히 '개인 중심적이 되었어'라거나 '개인주의적이 되었어'라는 의미로 사용하는 '개인화'나, 사회복지서비스 영역에서 강조되는 '개별화'와 '맞춤형'의 의미로 사용하는 '개인화'와는 조금 – 물론 전적으로는 아니고 결국 다 통하기는 하지만 – 다른, 조금 더 근본적이고 추상적인 의미로 사용되고 있다는 점도 염두에 두어야 할 것입니다.

이성적(합리적 능력을 소유한) 존재로서의 인간에 대한 (재)발견과 긍정 및 신뢰로 시작된 근대는, 그러한 존엄한 존재로서의 평등한 개인(인간 일반)의 자유와 독립성을 – 주로 전근대적 질서, 규범, 집단, 전통의 억압들을 해체함으로써 – 확대하는 과정이었습니다. 이를 양적 개인주의, 합리적 개인주의 혹은 1차 개인화라고 부릅니다. 그런데 이성적 능력에 대한 신뢰와 자율성의 추구가 미리 정해진 어떤 선까지만 허용된다는 것은 모순적인 일이겠죠. 따라서, 이 과정은 어느 지점에서 멈추게 되는 것이 아니라 지속됩니다. 절대적이거나 정답이거나 영속적이거나 안정적이라고 믿어온 것들, 그리고 인간 일반이 공유하는 보편성이라고 믿어온 모든 것들까지도 나 자신이 이해하고 자율적으로 선택한 것인가라는 관점에서 의심되고 상대화되며 결국 해체하는 과정으로 심화됩니다. 결국 개인을 둘러싼 모든 환경, 곧 사회는 끊임없이 변화하고 불안정하고 유동적인 것(바우만이 이야기한 '유동 근대' 혹은 '액체 근대')이 됩니다. 이제 인간 일반의 특성을 나누어 가진 개인이 아닌 그야말로 '개별적' 개인이 '자신의 고유한' 가치와 생각에 따라 모든 것을 선택하고 행위하는 삶을 영위할 수 있게 되며, 동시에 그렇게 할 수밖에 없게 됩니다. 이를 질적 개인주의, 주관적 개인주의 혹은 2차 개인화라고 부릅니다. 바로 우리가 주목하는 후기 근대 사회에서의 개인화 양상입니다. 모든 보편적 가치와 인간 일반의 보편성을 잃은 개인화된 사회에서 이제 개인은 자신의 정체성을 스스로의 '성찰'을 통해 찾고 만들어 갈 수밖에 없고(기든스), 자신만의 고유한 정체성을 구축하지 못할 것이라는 불안감 속에 살아갈 수밖에 없으며(바우만), 개인에게 강요 혹은 부과된 선택의 기회 속에서 모든 위험을 스스로 짊어져야 합니다(벡).

여기서 저는 전기 근대에서의 양적 개인주의, 합리적 개인주의 혹은 1차 개인화 양상이 '어느 지점에서 멈추게 되는 것이 아니라 지속되어' 후기 근대에서의 질적, 주관적 개인주의 혹은 2차 개인화의 양상으로 심화된다고 이야기했습니다. 후기 근대의 개인화 양상에 대한 논의가 근대와 근대화의 지속성을 전제한다는 점에서 문제의 핵심을 짚고 있다고 보고, 그것을 드러내려 한 것입니다. 벡이 이야기한 것처럼 후기 근대란 근대의 자기강화 및 심화 과정, 즉 '근대의 근대화 과정'이라면,[43] 후기 근대의 2차 개인화 양상이라는 것 또한 결국 근대의 불가피한 귀결로 이해되어야 한다는 것이죠. 더 앞선 시대의 사회학자

게오르그 짐멜은 18세기 자유주의가 19세기에 어떤 모습으로 변화해 갔는지를 보여준 바 있습니다.[44] 그런데 이 내용이 지금 우리가 이야기한 전기 근대와 후기 근대에서의 개인화의 모습 일부를 정확히 반영합니다. 이것은 무엇을 의미할까요? 저는 이러한 흐름이 다른 외부적 요인에 의해서가 아니라 이성적 존재로서 인간의 자유와 해방의 프로젝트였던 근대 자체에 내재된 과정이라는 점을 보여주는 것이라고 생각합니다. 따라서 예민한 사회학자의 눈에는 그러한 '자연스러운 흐름과 같은 불가피한 변화'가 포착될 수밖에 없던 것이죠.

18세기 사람들이 국가와 종교, 도덕과 경제에서 역사적으로 형성된 구속들로부터의 해방을 외친 것은 모든 인간에게 동일한 선한 본성이 방해받지 않고 발전해 나가도록 하기 위해서였던 것 같다. 19세기 사람들은 단순한 자유 이외에 노동 분업에서 개인 및 개인 업적의 특수성, 즉 개인을 남과 비교될 수도, 또한 대체될 수도 없는 존재로 만들고, 그런 만큼 더욱더 다른 사람들과 보완 관계를 맺도록 하는 특수성을 요구했던 것으로 보인다.[45]

근대의 입구에서 이성의 힘을 가진 인간은 독립적으로 자유롭게 합리적인 판단을 내리고 행위할 수 있는 존재로 믿어졌습니다. 이러한 존재로서 개인은 모두 평등하며, 모두가 전근대적인 질서와 구속으로부터 해방되고 자유로워져야 마땅했습니다. 그러나 모든 판단과 행위의 준거가 개인의 이성에 있는 독립적이고 자율적인 근대의 개인에게는 점차 모든 보편적인 가치, 정서, 집단마저 해체되고 상대화되며 선택 가능한 것이 되었습니다.[46] 개인의 존재 가치는 보편적 인간성에 있는 것이 아니라 질적 유일성과 대체 불가능성에 있다고 여겨지게 된 것이죠.[47] 후쿠야마의 표현을 빌리자면, 모든 가치체계는 본질적으로 주관적이라는 도덕적 상대주의로 시작한 근대는 사실적인 관찰조차 주관적인 것으로 간주하는 인식론적 상대주의로 나아갔다고 하겠습니다.[48] 결국 '원자화되고 고립된 개인을 운동 주체로 설정'한 근대라는 프로젝트가 개인과 집단을 고립된 존재로 분리시키는 결과에 다다른 것은 너무나 당연한 일일지 모릅니다.[49]

정리하자면 후기 근대의 사회에서 모든 것은 주관화되고 위험은 개인화됩니다. 위험은 사회구조적으로 극복되고 해결되는 것이 아니라 개인의 심리적 성장을 통해 치유되고 해소되어야 하는 것이 됩니다. 모두가 이성적이고 자유롭고 평등한 개인들의 보편성에 근거한 연대는 덜 중요해지고 자연히 줄어듭니다. 반대로 남들과 다른 고유하고 차별적인 정체성을 형성하고 드러내고 상호 인정받는 것이 더 중요해지고, 그만큼 개인은 더 고립되고 외로워집니다. 이런 양상은 때로 20세기 후반 자본주의 황금기 및 복지국가 황금기의 종료, 신자유주의의 등장, 소련과 동유럽 사회주의 체제의 몰락과 더불어 나타난 것으로 이야기되기도 하지만, 근대의 시작부터 근대를 특징짓는 가장 큰 두 가지 변화가 분화와 개인화였던 만큼 개인화는 다른 외부적 요인에 의해서가 아니라 근대 자체에 내재된 과정이었으며, 그러한 개인화의 자기강화 과정이자 심화 과정의 모습이라 보는 것이 더 타당할 것입니다. 이는 긴 호흡으로 바라볼 때 현대의 사회복지가 전환이 필요한 어떤 한계에 부딪힌 듯한 느낌을 주고 있는 문제의 원인을 찾기 위해서는 근대라는 것 자체, 즉 근대를 만들고 진행시켜 온 생각, 모든 '근대적인 것들'의 바탕을 이루는 사유 방식이나 세계관을 들여다보아야 한다는 것을 의미합니다. 특히 우리 자신, 그러니까 사회와 사람들에 대한 사유 방식의 시작점이자 근본 중의 근본은 결국 인간을 어떠한 존재로 이해하는지가 되겠죠. 이 장의 첫머리에서 이야기한 것처럼 이 글이 사회복지는 인간관과 연결되어 있다는 생각으로부터 시작된 이유입니다.

연대의 새로운 문법

03장

03장

우리가 살고 있는 시대가 여전히 근대이고, 그 근대 자체, 특히 근대가 인간과 세계를 바라보고 이해하는 방식으로부터 지금 우리가 맞닥뜨리고 있는 문제들의 근본 원인을 찾아볼 필요가 있다고 호기롭게 이야기했지만, 당연히 이는 쉽지 않은 일입니다. 생각하는 방식을 알아본다는 것은 누군가가 한 문장으로 '어떠어떠한 특징을 갖는다'라고 정리한 것을 찾아본다고 되지는 않을 테니까요. 근대라고 하는 시대가 어떤 배경에서 어떤 과정과 변화를 거치며 형성되었고, 그때를 살던 사람들의 마음속에서는 어떤 생각의 변화나 어떤 새로운 방식의 사고가 등장했겠는지를 알 수 있을 때 비로소 우리는 근대적 사고방식이라는 것이 어떤 것인지 조금 알 수 있을 것 같습니다. 맞습니다. 역사를 좀 공부할 수밖에 없겠다는 것입니다. 물론 짧게 압축적으로, 따라서 겉핥기식이고 부족한 방식이 되겠지만, 사진으로 비유하자면 해상도 낮은 어렴풋한 모습일지라도 우리가 근대적 인간관과 세계관이 어떠한 것인지에 대해 마음속에 상(像)을 그려볼 수 있다면 큰 도움이 되지 않을까 생각됩니다.

그런데 여기서 살펴볼 역사의 장면들은 철저하게 유럽을 배경으로 한다는 점에서 여러 문제가 지적될 수 있겠습니다. 당연히 지적되어야 하고 또 제기되어야 하는 문제라고 생각합니다. 누구든지 그리고 언제든지 우리 사회의 현재 모습과 나아가 현대문명에 대해 생각한다면 서구 중심주의적인 시각에서 보고 있지는 않은지 돌아보는 것은 꼭 필요하죠. 저는 우리 사회의 현재, 특히 여기서 우리가 다루고 있는 문제인 제도화된 사회적 연대와 보호의 체계와 관련해서는 적지 않은 부분에서 서구 사회와 특징을 공유하고 있고, 그것들 대부분이 최소한 부분적으로는 서구의 근대에 기원을 두고 있다고 생각하며, 따라서 '서구 근대'의 출현과 발전에 대해 이해하는 것이 적지 않은 도움이 된다고 봅니다. 다만 이러한 생각이 동서양을 아우르는 관점에서 근대로의 이행을 종합적으로 이해하고 그려내지 못하는 부족함을 정당화할 수는 없을 것입니다. 지금은 이 정도 수준인 것이죠. 인정하지 않을 수 없습니다. 몇 년 후에는 지금보다 좀 더 종합적인 시각을 갖추고 있기를 희망하면서 유럽의 근대 형성기와 그 이후를 짧게 살펴보겠습니다.[50]

10세기 이전 유럽은 "동아시아나 중동과 비교하면 공백"이라고 표현될 정도로 문화적으로나 지적으로나 경제적으로나 기술적으로나 인구 규모의 면에서나 그저 '낙후된 지역'이었습니다.[51] 이는 유럽이 주기적으로 범람하는 큰 강이 있어서 비옥한 농토를 제공하지만 동시에 이른바 '치수(治水)'가 필요한 문명 발상지 같은 지역이 아니었기 때문입니다. 비옥한 농토는 잉여 생산, 생산에 직접 종사하지 않는 인력을 먹일 수 있는 경제력—생산에 종사하지 않는 이들이 군림하는 지배계급으로 등장하게 된다는 것이 모순적이지만—과 그들의 권력, 중앙집권적 국가의 출현, 국가의 인력 동원에 기반한 대규모 치수 사업, 국가 혹은 지배계급의 후원에 의한 철학과 과학, 문화와 기술 발전의 바탕이죠. 반면에 유럽은 봄과 여름에 내리는 비로 그럭저럭 농사를 짓는 곳이었다니, 한해 한해 배고픔을 겨우 면하는 정도에서 큰 변화 없는 삶의 모습이었을 것임을 짐작할 수 있습니다.

이런 관점에서 보면 유럽의 모든 변화의 시작은 10세기와 11세기에 걸친 농업혁명이라고 할 수 있겠습니다. 바로 잉여 생산의 시작이니까요. 농업 생산력 증대는 증가하는 인구를 위해 언제나 요구되는 것이지만, 이 시기에는 여러 요인이 복합적으로 작용하여 획기적인 생산성 증대를 가져온 것으로 보입니다. 아주 무거운 쟁기의 사용과 소 대신 이동성이 더 좋은 말의 사용은 생산성도 높였지만 더 중요하게는 춥고 척박한 북쪽으로 농토를 넓힐 수 있게 했습니다. 여기에 농지를 세 구역으로 나누어 지력을 높이는 콩 같은 작물도 심고, 농토를 쉬게도 하는 3단계 윤작이 도입되니 생산성뿐 아니라 식생활, 결과적으로 건강도 좋아졌습니다.

우리에게 더 중요한 것은 농업혁명의 파장이자 결과일 것입니다. 이후 길게는 15, 16세기까지의 변화를 압축해 봅니다. 잉여는 생산에 직접 종사하지 않는 지배계급의 증가를 가능하게 합니다. 봉건 영주들은 이제 농노 겸 군인 대신에 전문 전쟁꾼인 기사를 둡니다. 영주의 장원 일부를 영지로 나눠주어 소작료를 받게 하면 기사와 그 가족도 충분히 먹고 살 수 있을 정도의 생산력이 된 것이죠. 11세기 말부터 13세기 후반까지 이어진 십자군 원정은 이런 전문적인 군사력에 대한 자신감도 작용했겠지만, 한편으로는 (기사들이 모두 아들을 하나만 낳는 것이 아니어서) 감당하기 어렵게 늘어나는 기사의 수가 배경 원인 중 하나이기도 한 것으로 알려집니다. 아무튼 십자군 원정은 잘 알려진 대로 유럽의 상업 확장과 학문 및 문화의 발전에 큰 기여를 하게 됩니다. 새로운 문물은 기술 발전의 토대이자 자극제이니, 이후 망원경이나 인쇄술 등 다양한 발명들이 나오게 되는데, 13세기경에 아시아로부터 전파된 화약을 가지고 14세기에 만든 대포도 그중 하나입니다. 대포는 계속 발전해서 군인들이 끌고 다닐 수 있게 되니 포병이 생겨나고, 배에 실을 수 있게 되니 해군이 강력해지고, 더 나중에는 소총이 되어 보병부대 중심으로 군대가 바뀝니다. 이제 왕에게 포병과 무장선박, 소총으로 무장한 보병부대를 감당할 돈만 있다면 봉건 영주와 기사의 군사적 필요는 사라집니다. 대신 세금이 더 필요한 것이고, 세금을 낼 상인들이 더 중요합니다. 권력구조는 중앙집권화되고 규모 있는 재정과 군대를 운용하는 정부는 발달된 관료체제를 필요로 합니다. 애초부터 중앙집권적인 대규모 왕국이 발달했던 문명 발상지들과는 달랐던 유럽은 뒤늦게 고만고만한 민족국가들을 발전시키지만, 그들 간의 끊임없는 견제와 분쟁은 부단한 군사 기술 경쟁과 발전을 가져오고 이른바 '탐험의 시대'와 식민지 정복 물결을 가능하게 합니다.

잉여는 학문과 문화의 발전을 가져옵니다. 번역 전문기관을 설립할 정도로 십자군 원정으로 전해지기 시작한 그리스와 이슬람의 과학 지식 습득에 열심이었고, 자율적이고 자치적인 공동체로서의 대학 설립도 붐을 이루게 됩니다. 대학은 이전 시대와 달리 성직자, 의사, 법률가, 행정가, 교사 등의 수요가 증가한 것과도 관련이 있는데, 이는 장원과 봉건 영주 중심의 지방분권적인 사회에서 인구가 늘고 집중된, 상업이 발달한 도시를 바탕으로 하는 중앙집권적인 사회로의 구조 변화를 반영한다 할 것입니다. 그 이후 르네상스는 잘 알려진 것처럼 중세적 세계관과 중세적 의식이 변화하기 위한 발판이 됩니다. 인간 중심주의와 과학적 지식이라는 것은 중세적인 종교의 권위와 힘을 유지하는 데에는 도움이 될 수가 없죠. 15세기에는 구텐베르크의 인쇄기도 나오고 민중은 점점 더 똑똑해지는데, 역사가 늘 보여주듯 권력에 취하면 부패하게 되고 자신의 부패를 알 만큼 세상은 똑똑하지 못하다고 착각하게 되기 때문에, 교회는 이른바 '면죄부 판매'로 자신들에 대한 민중의 증오에 기름을 붓습니다. 한편, 과학적 지식은 자연의 힘과 공포를 조금씩 극복하게 해 주니 이는 16세기 '탐험의 시대'의 발판이 됩니다. 예를 들면, 15세기 말 콜럼버스의 아메리카 도착은 깜짝 놀랄만한 혁명적인 사건이 아니라, 지구는 둥글고 바다 끝은 낭떠러지가 아니며 서쪽으로 가면 아시아가 나온다는 것이 이미 유럽 뱃사람들의 상식인 시대에 그저 '이미 잘 아는 바다로 나아간 것'일 뿐이었다고 할 정도니까요.[52]

잉여는 더 빠른 인구 증가를 가능하게 합니다. 도시가 발달하게 되고, 상업이 발달하게 됩니다. 이는 원거리 무역의 발달, '상설' 시장과 상업 도시의 등장으로 이어집니다. 15세기 정도가 되면 상업도시들은 발달된 상법을 갖추고 교회와 봉건 영주로부터 상당한 정도의 독립성을 갖게 됩니다. 부에 의해 새롭게 사회적 힘을 가진 세력들이 등장하는 것이죠. 이들은 당연히 이미 힘을 갖고 있는 세력과 그것을 뒷받침하는 구조와 불화합니다. 봉건적인 관습이나 전통의 대척점에 서 있는 것이죠. 부유해진 상인들은 점차 거래를 넘어 생산까지 관여하고 싶어지니 농촌에 선금을 주고 수공업적 생산을 계약하는 선대제(the Putting-Out System)가 생겨나고 확산됩니다. 일종의 생산과 판매의 분업이기도 하고 초기적인 자본가와 노동자 관계의 확대이기도 하죠. 무역과 상업의 발달은 분업의 확대를 의미합니다. 지리적으로 더 넓은 지역들이, 한 사회 내에서도 더 많은 사람들이 자급자족이 아니라 각자 더 잘 생산하는 재화에 집중하되 무역과 거래로 서로 의존하니 더 잘살게 됩니다. 대신 점점 거래를 매개하는 돈이 필요해지고 중요해집니다. 봉건 영주도 마찬가지입니다. 수확한 농작물보다는 현금으로 지대를 받고 싶습니다. 영주(manor)가 지주(landlord)로 바뀌어 가는 것이죠. 이는 농노가 소작농으로 바뀌어 감을 의미합니다. 소작농은 지대를 지불하고도 남을 만큼 생산할 수 있다면 자신의 소득을 기대할 수 있으니 언제나 더 많이 생산하고 싶어집니다. 먹고 살기 위한 생산에서 상품으로서의 생산으로, 지금까지 살아온 것처럼 사는데 필요한 만큼의 생산에서 한 줌이라도 작년보다 더 많은 생산으로 변화합니다. 막스 베버의 분석을 빌어 이야기하자면 전통주의적 형태의 생산에서 자본주의적 형태의 생산으로, 그리고 전(前)자본주의적 노동동기에서 '자본주의적 정신'으로의 변화가 서서히 일어나는 것이죠.[53]

이제 16세기부터 유럽은 근대로 진입하기 시작합니다. 물론 크게 보면 아직은 '여전히 중세의 세계'입니다.[54] 기본적으로 농업사회이고 상품이 아닌 직접 소비를 위한 생산이 대부분이며 도시나 농촌이나 전반적으로 배고픈 사회입니다. 아직 엄격한 계급사회이고 대부분의 땅은 귀족과 교회가 소유한 엄청난 불평등 사회입니다. 사람들의 지배적인 관념도 상류계급에 복종하고, 자신의 삶의 지위와 위치를 알고 그에 따르는 삶이 옳은 것이며, (과도한) 부의 추구는 탐욕이고 죄악이라는 생각입니다. 하지만 잉여 생산이 가져온 변화들은 이미 충분히 축적되어 있었죠. 그 바탕 위에서 종교개혁과 과학혁명, 그리고 산업혁명을 통해 유럽은 근대사회로 완전히 변모합니다. 물론 이 과정도 300여 년의 긴 시간입니다. 그리고 특히나 의식의 변화, 인간관과 세계관과 같이 생각하는 방식의 변화라는 것은 한순간에 일어나는 것이 아니니 지금까지 살펴본 변화도 다 합쳐서 보아야 제대로 짐작해 볼 수 있을 것입니다.

우선 종교개혁은 16세기 초(1517년) 마틴 루터의 '95개 논제'로 시작하여, 20세기의 세계적 전쟁만큼 피해가 컸던 잔인한 전쟁으로 알려져 있는, 종교전쟁이자 영토전쟁인 17세기의 30년 전쟁(1618~1648)으로 일단락된 것으로 흔히 이야기됩니다.

우리의 논점과 관련해서는 종교개혁이 '분화와 개인화'로 특징지을 수 있는 근대로 나아가는 결정적인 발판 역할을 했다는 점이 가장 중요하겠습니다.[55] 종교개혁 이전에는 삶의 모든 영역에서 정당성이나 의미, 가치를 부여하는 것은 종교의 역할이었고, 사회의 모든 영역을 하나로 묶는 사회적 통합의 끈 역할을 하는 것도 종교였습니다. 그런데 이 끈이 끊어지게 되었습니다. 개인이 교회와 사제라는 위계와 제도를 통하지 않고도 성경을 통해 신의 뜻을 접하고 믿음을 가지며 이를 행할 수 있다고 여겨지게 되었습니다. 교회와 수도원과 사제를 중심으로 한 종교적 권위와 관습과 규제로부터 개인은 해방되고, 스스로의 원리와 법칙을 따라 신앙생활을 할 수 있게 된 것이죠. 사회학자 김덕영의 표현을 빌자면 종교가 개인화되고 탈주술화되며 세속화되고 분화되었습니다. 신앙과 관련한 보편주의는 이제 특수주의와 다원주의로 대체되기 시작합니다.

그전까지 상상하지 못했던 이런 일이 어떻게 일어나게 된 것일까요? 당연히 우리가 직전에 살펴보았던 변화들이 있었기 때문에 가능했을 것입니다. 봉건적이고 종교적인 중세의 사회에서 권력을 가졌던 집단의 약화, 그들의 권력을 가능하게 했던 사회제도와 구조의 변화, 그러한 제도와 구조를 용인하고 수용하게 했던 세상(인간세계와 자연세계)에 대한 지식과 믿음의 확대와 전환과 같은 일들 말입니다. 이것이 종교개혁을 가능하게 했다면, 이제 종교적 개인주의가 허용되자 이미 진행 중이던 변화도 다시 가속을 받게 됩니다. 오로지 신의 뜻과 그에 대한 믿음만이 관심의 대상이(어야 했)던 세상에서 주인공과 주인이 사람으로 바뀐 세상, 다시 말해 인간 일반과 개인의 삶에 주목하는 세상으로의 변화를 힘겹게 막아오던 마지막 마음의 둑도 무너진 것이죠. 스스로의 원리와 법칙을 중시하는 근대적 개인주의와 자유주의적 사고가 대중화되기 시작합니다. 철학자들은 여기에 인간이 가진 이성의 힘에서 그 정당성 근거를 찾고 제시합니다. 이성을 가진 존재로서 인간 개개인을 긍정하는 것은 존재 가치의 평등으로 연결됩니다. 또한 종교적 위계의 부정은 도덕적 위계의 부정으로 연결됩니다. 말하자면 개인적으로 보아도 혹은 집단이나 사회를 이루는 여러 부분 체계로 보아도 가치의 우열을 논할 수 없습니다. 앞 장에서 근대가 도덕적 상대주의로 시작했다는 후쿠야마의 글을 인용했었죠. 결국 종교적 분화는 곧 사회 전체에서의 분화로 이어집니다. 말하자면 종교개혁은 근대의 문을 여는 행위였던 것 같습니다.

16~17세기의 과학혁명이 인류에 미친 영향도 정말 크고 넓지만, 우리 이야기의 흐름에서는 이성의 힘을 (너무나) 신뢰하는 근대적 (자유주의의) 사고를 가능하게 해 준 토대라는 의미가 가장 중요하겠습니다. 중세를 지배했던 아리스토텔레스적 세계관과 프톨레마이오스의 천문학은 코페르니쿠스로부터 케플러, 갈릴레오를 거쳐 뉴턴에 이르러 완전히 무너졌습니다.[56] 이성의 도구인 수학을 통해 지구가 아닌 태양을 중심으로 하는 행성들의 움직임을 정확히 예측할 수 있음이 밝혀지고(코페르니쿠스와 케플러), 천체의 운동에 관한 수학적 법칙이 있다면 지구 안의 물체의 운동 또한 수학적 법칙에 지배받을 것

임이 가정되고 증명됩니다(갈릴레오의 낙하 법칙). 1687년 뉴턴의 '프린키피아'에 이르러서는 "아리스토텔레스 이래로 분리되었던 천상과 지상이 마침내 통일"되니,[57] "(아리스토텔레스 이후로) 천 년이 지난 뒤 하늘과 지구 사이에 있던 구분이 갑자기 사라집니다."[58] 우주 안에서의 운동이 단일한 수학적 법칙에 의해 통일적으로 설명되게 된 것이죠. 굳이 극적인 비유를 한 문장들을 두 개나 인용한 이유는 당대의 시점에서 그것이 얼마나 혁명과도 같은 일이었을지를 한 번 더 생각하기 위해서입니다.

뉴턴 이전에 베이컨도, 페르마도, 파스칼도, 데카르트도, 보일도 있었죠. 과학혁명의 시기에 이성에 의한 과학의 힘에 대한 신뢰와 기대는 이미 충분히 커져 있었다고 보아야 할 것입니다. 그리고 그러한 기대를 뉴턴이 제대로 충족시켜 주었을 때 이성에 대한 긍정, 그리고 그러한 이성을 소유한 인간(의 능력)에 대한 긍정은 누구도 거부할 수 없었을 거라 쉽게 짐작할 수 있습니다. 이제 인간은 이성의 힘으로 자연을 파악하고 이해할 수 있습니다. 자연을 지배하고 인간을 위해 활용할 수 있으며 그래야 한다고 주장됩니다.[59] 그때의 시점에서 생각해 본다면 이는 지구 환경과 생태의 중요함을 모르는 '무식한' 생각이라기보다는, 여전히 배고프고 홍수, 가뭄, 전염병 등에 속수무책으로 시달리며, 전반적으로 열악한 삶의 조건과 환경에서 살아가는 대다수의 삶을 개선하는 '진보적인' 생각입니다. 이제 단순히 신의 섭리를 파악하기 위한 도구가 아니라 우주를 이해하고 지배하는 능력으로서의 이성입니다. 너무나 귀하고 소중하고 좋은 것입니다. 문제는 이성의 힘을 긍정하는 정도가 강해질수록 자칫 이분법적이고 흑백론적인 생각도 강해지기 쉽다는 것입니다. 이성의 대척점에 있는 것으로 놓는 순간 비합리적이고 천하고 나쁜 것이며, 우리가 맞서고 극복하고 규제하고 지배하며 바꿔야 하는 것이 됩니다. 미신이 그렇고 (비합리적인) 전통과 관습이 그렇습니다. 그러한 것들이 힘을 유지하게 해주는 이전 시대의 지배계급(귀족)이 그렇습니다(이것은 특히 새롭게 성장하고 있던 자본계급의 마음이지요). 이성과 달리 불안정하다고 여겨지는 감성(충동과 감정)이 그렇습니다.

18세기 산업혁명으로 근대로의 이행은 완성됩니다. 자급자족을 위한 농업생산이 아니라 거래를 위한 상품의 공장 생산이 중심인 사회, 인격 간 신뢰를 바탕으로 한 교환과 전통적 교역이 아니라 화폐를 매개로 한 재화와 서비스 교환이 중심인 사회, 농촌과 도시가, 가정과 일터가, 가사노동과 임금노동이 뚜렷이 분화되고 의존(하며 한쪽이 착취)하는 사회가 자리 잡습니다. 물론 그 정도는 계속 심화하지만, 형태는 이미 이때 갖춰지는 것이죠. 이 모든 일들이 당연히 한순간에 일어난 것은 아닙니다. 먼저 15~16세기에 정점을 찍은 인클로저(enclosure)가 있었습니다. 다 아는 이야기지만 이 당시의 인클로저는 양모 산업 발전의 시대적 배경에서 봉건 영주들이 농사보다는 양을 키우기를 선호하게 되면서 그간 버려두었던 땅이나 공유지를 포함시켜 소유권 경계를 명확히 하고 울타리를 치는 일이죠. 대다수 농민들은 경작지도 빼앗기고 공유지도 없어져 살아갈 방법이 없으니 부랑 빈민이 됩니다. 이렇게 중세 봉건제의 토대는 자연스럽게 해체되었고, 16세기의 유럽은 영국의 사례에서 보듯 부랑 빈민 문제에 대처하기 위한 법이 필요해졌습니다. 이들을 종합하고 정리한 1601년의 엘리자베스 여왕 판(version) 빈민법이 그중 가장 유명하죠. 부랑 빈민들은 차츰 도시로 흘러들어 그 어떤 열악한 조건에도 일하고자 하는 노동 예비군(실업자)이 되니, 17~19세기 자본주의 성장의 기반인 헐값 노동력이 됩니다. 〈올리버 트위스트〉나 〈레 미제라블〉 등 우리에게 잘 알려진 19세기 도시 빈민 문학의 배경이죠.

16세기부터 남미의 금과 은이 대량으로 유입되니 화폐가치는 떨어지고 그만큼 물건값이 급격히 뛰는데(인플레이션), 17세기 후반까지도 나아지지 않았다고 합니다. 이럴 땐 언제 어디서나 가진 것이 몸(노동력)밖에 없는 계급이 가장 고통스럽죠. 임금은 빨리 오르지 않습니다. 가진 것이 주로 땅인 계급(지주)도 쉽지 않습니다. 곡물 값도 오르지만 상하기 전에 팔아야 하니 다른 상품들만 못합니다. 반면 눈 밝은 상인들은 큰돈을 벌 기회의 시간입니다. 힘은 점차 신분이 아니라 돈으로 옮겨 갑니다. 혹은 신분과 돈이 분화되어 가는 것이죠. 물론 잉여가 별로 없던 이전 시기와는 달리 그럴 수 있을 만큼 부의 총량이 늘었기 때문이기도 할 겁니다. 군주들도 군대 유지와 중앙집권적 행정 유지를 위해 점점 더 많은 돈이 필요해지고 있는데, 기댈 곳은 귀족들(지주 세력)이 아니라 귀족 출신이든 아니든 상관없이 성공한 상업 자본가들입니다. 대신 군주들은 상업 자본가들의 이익을 지켜주어야 합니다. 바로 중상주의(mercantilism)와 보호무역의 배경입니다. 무역(교환)이 이윤(가치)의 원천으로 보이는 시대이니 국가도 독점 무역회사를 차리고 식민제국을 건설하는 데 앞장섭니다.

상업의 발전은 산업의 발전으로 이어집니다. 상업가 입장에서는 상품의 공급을 자신의 관리하에 예측할 수 있고 통제할 수 있으면 좋습니다. 무역을 통해 축적된 자본이 선금을 지불할 수 있는 만큼의 여력이 되자 앞서 이야기한 것처럼 농촌과 도시 간 분업인 선대제 수공업이 발전한 이유일 것입니다. 조금 더 자본을 들일 수 있게 되면서 점차 일부는 생산까지 직접 하게 됩니다. 앞서 인플레이션으로 큰돈을 벌 수 있게 된 것이 중요한 역할을 했죠. 이제 부를 축적하려는 욕망을 나쁘게 보는 전통적이고 종교적인 믿음과 그와 연관된 제도들, 규제들이 주는 불편함도 벗어버리고 싶어집니다. 그만큼 이들의 힘도 커진 것이죠. 한편으로는 신교의 힘을 빌려 이것이 탐욕이 아니라 '소명'에 대한 헌신이라 주장합니다.[60] 다른 한편으로는 이기적인 동기가 인간의 핵심 동기라는 주장들－그러니 이윤추구를 금기시할 필요가 없다는 이야기죠－이 제기되기 시작했고, 1776년 〈국부론〉을 통해 애덤 스미스는 모든 개인이 자신의 경제적 이익을 위해 노력하는 것이 본성적 동기이며, 계획되지 않은 다수 개인의 노력이 '보이지 않는 손'에 의해 사회 전체의 후생을 증가시킨다는 영향력 큰 주장을 하게 됩니다.[61] 이제 사익의 추구는, 경제적 규제로부터의 자유는, (경제적) 개인주의는, 그리고 자유로운 경쟁시장은 사회 전체를 위해 장려되어야 하는 좋은 일이자 옳은 일이 되어 갑니다.

하지만 생산은 여전히 수공업적입니다. 수공업적 공장(manufactory) 생산이죠. 18세기 영국을 보자면 직물이 한창 수출도 잘 되고 수요가 높은데 더 많이 더 빨리 만들지 못해 답답한 상황입니다. 생산 속도도 제한적인데, 원료와 노동력의 수급이나 판매를 위한 이동을 생각하면 생산을 위한 수공업적 공장이 들어설 수 있는 장소도 제한적입니다. 그사이 에너지원으로는 너무 써서 고갈되어 가던 나무를 석탄이 대체해 가고 있었는데, 탄광은 자꾸만 더 깊게 파야 하고, 그럴수록 땅을 팔 때 나오는 물을 더 깊은 곳에서 잘 끌어올려 배출해야 합니다. 이 탄광 배수펌프에 증기의 힘을 이용하기 시작한 것이 증기기관의 시작이라고 하죠. 그리고 18세기 중후반(1769년)이 되면 우리가 기억하는 제임스 와트가 이를 획기적으로 개선해 탄광이 아닌 곳에서도 사용할 수 있는 증기기관을 만듭니다. 이제 산업(직물 생산)은 기계화됩니다. 본격적인 공장(factory) 생산입니다. 증기기관은 운송수단에도 적용되니 바야흐로 '철도의 시대'가 열립니다. 이제 공장은 탄광 옆이나 부두 옆을 벗어나 전 지역으로 확대됩니다. 산업혁명으로 생산성은 엄청나게 향상됩니다. 가격 차이를 이용하는 것(무역, 교환)이 핵심적인 이윤(가치)의 원천이던 중상주의 시대는 막을 내리기 시작합니다. 애덤 스미스를 포함하여 산업혁명의 당대를 살아가는 사람들 눈에는 이제 (더 빨리 더 많이) 생산하는 것(노동)이 이윤(가치)의 핵심적인 원천임이 명백히 드러납니다.[62]

17~18세기의 시민혁명(부르주아 혁명)은 정치적 권력이 봉건 귀족계급과 왕으로부터 자본계급으로 이동하는 흐름의 결정타와 같습니다. 물론 권력의 교체가 쉽게 완료되지는 않습니다. 예를 들면 영국 의회에서는 19세기 초반에 관세를 통한 농산물 수입 규제(보호무역)를 의미하는 '곡물법'이 통과됩니다. 〈인구론〉을 쓴 맬서스와 같은 지주 세력이 그때까지도 리카르도와 같은 산업자본 세력의 반대를 물리칠 만한 의회 권력을 갖고 있었던 것이죠. 따라서 반대로 19세기 중반 곡물법의 폐지는 권력 교체의 완성을 상징합니다.[63] 자본계급은 전근대의 사회적 권력을 침몰시키기 위해(시민혁명) 손을 잡았던 노동계급과도 투쟁해야 합니다. 권력은 나누어 갖는 것이 아니죠. 폴라니가 자본주의 시대 이전의 공동체적 상호 보호의 마지막 형태로 본, 노동자와 그 가족의 최저생계를 보장하는 영국의 스핀햄랜드(Speenhamland) 제도가 1830년대에 폐지된 것도 하나의 상징적 사건입니다.[64] 자본주의는 이제 자유방임의(làissez-fáire) 시장을 향해 브레이크 없이 질주합니다. 노동과 사회를 보호하기 위한 규제는 아직 없습니다. 노동계급의 삶은 막바지에 몰리고, 더 급격한 도시화를 겪으면서 환경 또한 스모그와 열악한 상하수도 등으로 끔찍해집니다. 노동계급은 기계화된 공장 생산의 도입으로 숙련공으로서의 자부심을 잃게 됩니다. 노동의 자율적 영역은 축소되고 단순한 노동을 반복해야 합니다. 모든 것을 기계에 맞추게 된 생산 과정에서 노동자는 규율과 '시계'에 의해 통제받게 됩니다. 찰리 채플린의 영화가 떠오르죠. 거기에 더해 더 싼 노동력을 찾는 자본의 움직임

에 규제가 없으니 여성노동과 아동노동이 증가합니다. 19세기 초반 일련의 '공장법' 제정 사례에서 보듯 아동노동을 규제하고 노동환경을 개선하려는 움직임도 있지만 전체 흐름에서는 미약합니다. 더 많은 실업자가 더 적은 임금이라도 얻기 위해 경쟁해야 합니다. 노동계급은 그야말로 생존을 위해 스스로 노력하지 않을 수 없습니다. 19세기 전반기는 노동자와 민중에 의한 폭동과 소요의 시기로 기록되는 한편, 노동조합과 사회주의 운동의 확산을 지켜보게 됩니다.

근대로의 이행 과정을 압축적으로 훑어보는 데 집중하다 보니 우리의 초점인 세계관과 인간관의 변화, 믿음과 사고방식의 변화를 놓치기 쉬운 듯합니다. 근대적인 사유, 근대적인 세계관이 어떻게 형성되었는지 다시 한번 생각해 보는 것이 좋겠습니다. 종교개혁으로 개인화와 분화, 다원주의, 평등주의의 사고가 열렸습니다. 그 이전 시대는 계급사회이고 종교적 사회입니다. 모든 것에 본연의 정해진 목적이 있다는, 즉 정해진 삶의 지위와 역할이 있다는 아리스토텔레스적 세계관의 사회입니다. 그런데 이제 종교적 위계에 따라 신과의 거리가 정해져 있지 않게 됩니다. 신앙은 교회, 교회 조직, 그리고 종교적 의례로부터 개인에게로 중심 이동합니다. 종교적 개인주의입니다. 이는 곧 모든 것에 정해진 옳은 답이 있는 보편주의에서 개인 스스로의 원리와 법칙을 따르는 특수주의로의 변화입니다. 다양한 답이 가능하니 다원주의의 승인이기도 합니다. 각자가 자신을 기준 삼을 수 있다는 것은 각 개인이 평등하다는 의미이기도 하죠.

사회는 분화되고 다원화됩니다. 주체와 객체, 인간과 세계의 관계에서는 대립적이고 지배-피지배의 이원적인 세계관이 강화되지만, 인간과 인간의 관계에서 보자면 위계에 따라 더 가치 있거나 옳은 답을 갖거나 낼 수 있는 것이 아니고, 한 가지 보편적 답만 있는 것이 아니라 다양하고 평등한 답이 가능하다 생각되기 시작했습니다. 사회를 구성하고 있는 모든 부분체계들 사이의 위계도 없어집니다. 예를 들어 종교(신앙)가 가장 상위의 체계였다면, 모든 것은 '종교적'으로 판단될 수 있었습니다. 사적 거래에서 신뢰를 저버린 행위도 종교적으로 정당화된다면 문제없는 것으로 받아들여질 수 있었다는 것이죠. 이제 그렇지 않게 됩니다. 사회는 다양한 부분체계로 분화되고, 그들 간에도 수평적이고 독립적인 기능적 분화가 일어납니다. 고유의 논리와 규칙에 따라 주어진 기능을 수행하며 때로 갈등하고 서로 투쟁하기도 합니다. (예를 들면 법 체계 안에서 사법적인 판단을 하는데 경제의 체계 안에서 일어난 '고용과 국민경제에 대한 그간의 기여'를 고려하는 일은 없게 됩니다. 그런 일이 일어난다면 여전히 분화되지 못한 사회, 근대적인 사회가 되지 못한 사회, 법 체계가 경제 체계에 의해 식민화되고 부속화된 사회이겠죠. 바로 김덕영이 진단한 '환원근대'의 우리 사회 모습입니다.65) 개인은 가족이나 지역 공동체와 같은 소수의 집단에 전인격적으로 결합되고 구속되어 있던 것(집단주의)에서 벗어나게 됩니다. 대신 더 다양하게 증가하는 사회적 영역과 집단들과 관계하게 되지만, 이는 전인격적이고 구속적인 결합 관계는 아닙니다. 예전에는 어느 마을의 어느 집 몇

째라는 말로 정체성을 규정할 수 있었다면, 다시 말해 그 사람이 어떤 궤적의 인생을 살았고 살아갈 것인지 상당히 많은 부분을 알 수 있었다면, 이제는 그렇지 않게 됩니다. 개인을 만나보지 않고 알 수 있는 것이 적습니다. 개인의 정체성을 사회적 관계가 규정하는 힘은 약해지고 개인의 가치관과 같은 고유성이 규정하는 힘이 커집니다. 개인화됩니다.

이원적 세계관과 대립적인 시각이 자리를 잡게 됩니다. 우선 내 땅의 경계에 명확히 선을 긋는 것이었던 인클로저부터 이미 목격했지만, '내 것'과 '내 것 아닌 것'의 구분이 분명해집니다. 사적 소유의 세계관이 뚜렷해지는 것이죠. '서로가 뒤얽혀 서로의 일부로 살아가는 것'과 같은 삶의 방식은 점차 사라지게 됩니다.[66] 과학혁명은 이성의 힘에 대한 긍정과 신뢰를 최고조로 높여주었습니다. 인간의 이성적인 사유 능력 자체가 무엇보다도 가장 중요하고(데카르트), 여기에 독립성을 부여하고 모든 근거와 기준을 그로부터 찾으려 할수록(칸트), 이성과 비이성, 인간과 세계, 주체와 객체는 분리됩니다. 인간은 주체이고 자연과 환경과 동물과 세계는 객체입니다. 주체가 객체를 지배하고 관리해야 합니다. 이성은 합리적이지만 감성은 충동적이고 비합리적입니다. 이성이 감성을 억제하고 다스려야 합니다. 이성의 눈과 합리성으로 보니 걷어내야 할 미신적이고 비합리적인 전근대의 권위, 질서, 체제 등이 너무나 많습니다. 계몽의 시대는 피할 수 없습니다. 그리고 이 경향은 현대까지도 계속됩니다. 분화는 전문화이고 합리화입니다. 이는 생산적이고 효율적인 개혁입니다. 그 대척점에 비분화가 있습니다.

이는 위계적이고 비전문적입니다. 비합리적이고 비생산적입니다. 세계와 사물은 목적 달성을 위한 가장 효율적인 방식으로 체계화, 조직화, 통일화, 질서화될 수 있고, 되어야 합니다. 그것이 합리화입니다. 모든 것은 이러한 대립구도 속에서 선택할 수 있고, 선택해야 하는 것이 됩니다. 모순적 동시성 혹은 입체성 같은 것은 인정되지 않습니다. 바우만은 진단합니다.[67] 이성(합리성)의 숭배는 자연(적인 것)에 대한 불신과 연결됩니다. 인위적 질서가 아름다운 것이죠. 자연과 사회는 계획되고 관리되어야 합니다. 바우만의 비유처럼 근대 이후는 '원예사의 시대', '원예 문화'의 시대입니다. 이성은 감정으로부터, 합리성은 규범적 압력으로부터, 효율성은 윤리로부터 해방되어야 합니다. 합리적이고 효율적인 방식으로 일한다는 것은 일로부터 도덕과 윤리의 문제를 분리하고 외면한다는 것입니다. 이는 일의 결과와 그 결과의 생산에 기여한 사람들 사이를 실제로도 추상적으로도 멀리 떨어뜨려 주는 분업과, 어떤 행위가 현재 가능한 최상의 기술적 행위인지만을 따질 뿐 그 행위가 어떤 목적이나 결과를 위한 것인지는 따지지 않는 관료제적 구조에 의해 가능합니다.

이성에 대한 신뢰와 긍정은 자연히 이성을 가진 인간 개인에 대한 신뢰로 이어집니다. 개인이 이성의 힘으로 자율적으로 판단하는 것은 틀림없이 합리적일 것입니다. 이성이 최상의 원리일 때, 이성에 의한 판단과 행위는 선한 것이자 옳은 것이죠. 인간의 자유의지에 대한 신념은 자연스럽습니다. 17세기 후반의 존 로크가, 모든 인간은 자연법칙에 따라 스스로 행동할 수 있도록 해 주는 이성을 평등하게 소유하였으니 자연상태에서 인간은 자유롭고 독립적이며 평등하다고 주장한 것은 당연한 귀결처럼 보입니다. 근대적인 사유이자 근대적인 인간관이 형성되어 가는 것이죠. 인간 개개인은 자유로워야 합니다. 독립적이고 자율적일 수 있어야 합니다. 이를 자유주의라 한다면 이후 현재까지 대부분의 사회사상과 사상가는 자유주의(자)라 불릴 수 있을 것입니다. 가장 넓은 의미의 자유주의입니다. 조금 더 좁은 의미의 자유주의적 생각도 로크에 의해 계속됩니다. 개인은 각자의 이익을 추구하지만 타인의 이익을 침해해서는 안되며, 전쟁상태를 피하기 위해 자연상태의 권리를 조금씩 포기하여 정부권력을 형성합니다. 다시 말해 사회 이전에 인간 개인이 먼저 존재하고 정부란 계약에 의한 것이라는 주장이죠. 매우 개인주의적인 자유주의의 시작입니다.[68] 이후 (시장이 발달하여 분업화된 생산으로 각자의 삶이 서로서로의 거래에 의존할 수밖에 없게 된 조건을 전제로) 오로지 각자 자신의 이익을 추구할 때 오히려 사회의 이익은 더 잘 성취될 수 있다고 주장되고(애덤 스미스) 실제로도 그 이전에 보지 못했던 사회적 부의 급격한 확대를 경험하니—물론 다수의 노동자와 빈민의 경험은 아니었지만—개인주의와 분업처럼 좋은 것이 없습니다.

이렇게 형성된 근대는 따라서 이성의 시대이자 (넓은 의미에서) 자유주의의 시대입니다. 이성의 힘을 가지고 태어난 개인의 자유(자율성)를 최고의 가치로 삼고 끊임없이 그 보장과 확대를 추구합니다. 인간은 이성을 소유한, 즉 스스로 합리적 판단을 할 수 있는, 따라서 자유로워야 하는 존엄한 존재, 존재 자체로서 가치 있는 존재입니다. 근대적 인간관이죠. 모든 사회의 제도와 법률 등은 궁극적으로 이러한 인간상(人間像)의 실현을 위한 것이어야 합니다. 그리고 이 점에서 우리는 여전히 연속선상에 있으며, 근대는 현재진행형입니다.

> 모든 사람은 자유로운 존재로 태어났고, 똑같은 존엄과 권리를 가진다. (세계인권선언 제1조).
>
> 사회복지사는 인본주의 · 평등주의 사상에 기초하여, 모든 인간의 존엄성과 가치를 존중하고 천부의 자유권과 생존권의 보장 활동에 헌신한다. (한국사회복지사 윤리강령 전문, 첫째 문장).

역사적 전개를 조금만 더 따라가 보겠습니다. 근대 속에서 자본주의와 사회복지가 어떻게 발전했는지 말이죠. 그렇게 해야 우리의 시작점, 바로 우리가 전환을 고민하는 현재로 다시 돌아올 수 있을 것입니다. 로크는 특히 소유권을 강조했습니다.[69] 자연적 대상에 개인의 노동력을 혼합하여 만들어 낸 것은 '자연히' 개인의 소유이며, 이런 개인의 자연권인 소유권을 정부가 보호하지 않는다면 정부는 더 이상 개인에게 복종을 요구할 수 없다고 주장합니다. 사회의 지배권력이 자의적으로 부과하는 세금이 견딜 수 없었던 사회 신흥 세력(자본계급이자 당시의 시민계급)의 마음이 사상적으로 정당화되는 것이죠.[70] 시대 변화와 발맞춘 생각의 변화입니다. 그런데 산업과 상업의 발전으로 사유재산에 대한 관심은 이미 소유된 것에서 소유 예정인 것(부의 생산)으로까지 확대됩니다. 이제 소유권(사유재산권)의 보호는 각종 법과 제도를 통한 계약의 강제 이행까지 보장되어야 가능합니다. 자연히 법(적 장치들)이 발전하게 되는데[71] 이는 결국 낯선 이들과의 무역과 투자에 따르는 위험성을 낮추게 됩니다. 고전적 자유주의와 자본주의의 발전 사이의 관계를 후쿠야마가 '사소하지 않다'고 하는 이유입니다.[72]

근대 이전의 경제는 가족부양과 공동체 내 재분배 및 호혜를 위한 사회의 부분 체계였습니다. 경제활동의 목표에 개인의 이득이라는 것은 목록의 한참 아래에 위치한 것이었습니다. 화폐에 의한 거래의 비중은 낮았고, 대부분의 거래와 교환은 '인격적'이었습니다. 어디 사는 누가 만든 것인지를 서로 알기 때문에 지불 의무에는 인격에 부과된 구속이 포함되어 있었습니다. 거래는 개인과 지역 사이의 밀접한 결합 관계를 바탕으로 했습니다. 그러다 상업의 발달과 산업의 발전으로 점차 화폐에 의한 거래와 교환이 중심이 됩니다. 개인과 지역은 분리됩니다. 생산자와 소비자 사이에 추상적인 거리(비인격성)가 생기고, 실물적인 거리(더 다양하고 먼 지역과의 거래)도 생깁니다. 분업이 더 다양해지고 더 원거리와도 가능해집니다. 이전과 같은 인격적 결합은 아닌, 분업의 의미에서 서로 의존하는 공급자와 구매자의 관계가 늘어납니다.[73] 이제 생산은 전혀 알지 못하는 고객을 위한, 시장을 위한 상품생산입니다.

"화폐경제와 이성의 지배는 아주 깊이 연관"되어 있습니다.[74] 개별적인 문맥과 조건과 이유에 대해 냉담하다는 공통점을 가집니다. 논리적인 이성은 예측하기 어려운 관계적 측면과 특성을 배제한 객관성을 추구합니다. 화폐경제는 재화가 돈으로 표현할 수 없는 측면도 지니고 있다는 사실을 배제하고, 화폐가치에 교환 대상의 정확하고 예외 없는 등가물이 내포되어 있다고 믿게 합니다. 모든 가치를 화폐가치에 의해 평가하도록 요구합니다. 화폐가치가 유일하게 타당한 가치로 여겨지게 됩니다. 상품에서만이 아니라 삶에서 화폐가치로 표현할 수 없는 가치와 의미는 망각됩니다. 삶은 점점 정확하게 계산될 수 있는 것이 됩니다. 따라서 화폐경제는 또한 개인주의와 연관됩니다.[75]

> 공동체 외부, 사회의 바깥에 존재하던 화폐 관계가 한 사회의 내부에 자리잡는 것은 조세 관계를 통해서입니다. 국가가 세금을 화폐로 거둬들이기 시작하는 순간 사람들은 화폐를 손에 넣어야만 합니다. 그리고 공동체 내부로 파고든 화폐는 공동체의 관계를 전면적으로 바꾸어버립니다. … 화폐는 사람들이 서로에게 의존하면서 만들어지는 공동체적 관계를 끊어내고 그것을 독립적인 개인 간의 관계로 대체 … 공동체적 관계가 사라진 자리에 들어서는 건 각자 자신의 복리를 책임져야 한다는 개인주의의 이상…[76]

개인주의의 발달은 소비 주체를 증가시키고 수요를 창출합니다.[77] 가족이 함께 쓸 땐 하나만 필요하던 물건이 이제 여러 개가 필요하죠. 근대와 자본주의는 정합적입니다. 자본주의의 발전은 근대로의 시대 전환을 배경으로 하면서 동시에 근대화를 가속하는 동력입니다. 근대 이전, '가족과 공동체가 상호 의존하며 더불어 살기 위한' 생산과 교환의 체계로서 경제는 사회에 종속된 하나의 부분 체계였습니다. 하지만 개인의 이득을 위한 자유로운 활동이 보이지 않는 손에 의해 최대의 사회의 부를 가져온다고 믿어졌을 때 경제활동은 '사회적 논리'의 규제로부터 자유로워져야 했습니다. 시장은 자신의 논리에 의한 자율적인 영역이고자 하게 됩니다. 그리고 점차 경제적으로 표현할 수 없는 가치와 의미라는 것이 있음을 잊게 되면서 '경제의 논리'이자 시장의 논리가 삶의 모든 영역에 관철되기 시작합니다. 다시 말해 폴라니가 분석한 대로, 사회의 하위 체계였던 경제는 사회로부터 독립하여 자율적 시장의 논리에 의한 체계가 되더니, 오히려 그 논리에 사회를 복속시켜 사회의 상위 체계로 자리잡게 됩니다.[78]

근대의 과정에서 시장 논리에 의해 사회적 논리가 경제의 체계에서, 나아가 사회 전체에서 밀려나게 되었다는 것은 근대 이후의 200~300년 동안의 시간과는 비교할 수 없을 정도로 긴 시간 동안 인류의 삶에서 다양한 형태로 존재해 온 '자치적인 사회적 연대와 보호'가 사라지게 되었다는 것을 의미합니다. 근대 이전의 사회는 근본적으로는 혈연적이고 부족적인 공동체의 성격을 지녔으므로 그 안에서 누군가가 허기나 질병이나 외로움에 고통받는 것을 '나 몰라라' 할 수는 없습니다. (물론 예외적인 상황은 있습니다. 모두가 '당장 나와 내 가족'이 굶어

죽겠구나 혹은 전염병에 걸려 죽겠구나 싶은 절박한 상황이 되면 한쪽 눈을 질끈 감아야 합니다. 이때 생기는 죄책감을 집단적 공격성으로 해소하려 하기도 합니다. 마녀사냥은 생존의 경쟁에서 밀려날 수밖에 없는, 가족 없고 힘없는 '입'을 부양하지 못하는 공동체의 잔인한 선택이라는 측면이 있었죠.) 이것은 계급사회라 해서 다르지 않습니다. 봉건 영주는 자신의 장원 내 농노와 농민에 대해 통제만 하는 것이 아니라 보호를 제공하는 것이기도 하죠. 따라서 봉건제가 무너져 가는 것은 통제와 억압으로부터의 해방이면서 한편 사회적 안전망의 상실이라는 의미도 갖습니다. 인클로저와 사유재산 개념의 발달로 공유지도 사라지고 공동체도 축소되거나 사라집니다. 앞서 빈민법을 언급할 때도 말했듯이 서유럽의 거의 모든 나라에서 부랑과 도둑질을 방지하는 법이 필요해집니다.[79] 먹고 살기 위해 도시로 가보지만, 더 개인주의가 발달하고 있는 곳, 서로가 서로에게 인격적 책임을 지지 않을 만큼의 거리를 전제하는 몰인격적 분업 의존 관계가 더 발달하고 있는 그곳에서 공동체의 연대와 보호를 기대하긴 어렵습니다. 자유방임 자본주의가 완성되어 가던 19세기는, 개인과 가족에게는 (아마도 인류 역사상 처음으로) 그 어떤 사회적 보호 체계도, '마지막으로 비빌 언덕(the last resort)'도 전혀 없는 상황에 놓인 자신들을 목격하는 시대였을 것입니다.

그런 시대가 당연시될 수도 없지만, 무엇보다 감내될 수 없습니다. 모든 개인이 언제나 자조(self-help)하는 세상이란 있던 적도 없고 있을 수도 없습니다. 생산성이 발전하면 가능할까요? 그것은 평균적인 이야기일 뿐 개인은 늘 다릅니다. 혼자서 아무 문제 없다가도 아이가 생기면 달라집니다. 긴 치료가 필요한 질병에 걸릴 수도 있습니다. 극소수를 제외한 대다수에게는 자조하지 못하는 순간과 상황과 조건과 문맥과 이유가 있고 사회적 보호가 필요합니다. 그런데 일자리를 구해 생계를 꾸려가기도 어려워진 시대에, 이 필수 장치마저도 사라진 것입니다. 그야말로 '죽기 아니면 까무라치기'입니다. 앞서도 이야기한 것처럼 19세기 전반기는 폭동과 소요의 시기로 기록되었는데, 그 배경이기도 한 것이죠. 노동조합과 사회주의 운동이 확산되고, 19세기 전반에 걸쳐 노동자들의 투표권이 단계적으로 확대된 것에서 보듯, 조금씩 힘을 얻어 갑니다. 지식인들 사이에서는 자유주의와 산업화에 비판적인 낭만주의 운동이 퍼지기도 합니다. 민간 자선조직과 단체가 전성기를 맞습니다. 보다 과학적인 빈곤조사를 하기도 합니다(19세기 말 런던의 찰스 부스, 20세기 초 요크의 조셉 라운트리). 고급스럽게 표현하면 빈곤과 노동의 문제가 사회의 구조적 문제임을 인식하는 과정이지만, 날 것으로 표현하자면 어떠한 방식으로든 사회적 연대와 보호의 체계가 있어야 한다는 사실을 깨닫는 과정입니다.

이에 대한 대응은 새로운 시대인 근대에 맞는 방식이어야 합니다. 그래야 하고 또 그럴 수밖에 없을 정도로 사회가 많이 변했죠. 개인의 자유, 분업, 화폐가치의 추구 등이 주된 가치가 된 사회에서 사회적 보호란 더 이상 자치적이고 공동체적일 수 없습니다. 인격적 관계에 기초한 인간의 도리와 같은 것이 작동할 수 없습니다. 계약 관계 중심의 익명적 개인들 사이에서 합리적이고 논리적으로 설명될 수 있는 방식이어야 합니다. 시민 개개인의 권리에 대한 국가 차원의 보장이라는 법과 제도의 방식이어야 하는 거죠. 이제 현대 사회복지의 초기적 발전이 이루어집니다. 19세기 후반 독일에서는 그 유명한 비스마르크 3대 사회보험법(질병보험법, 산업재해보험법, 노령연금법)이 만들어집니다. 그 배경은 독일 지역이 자본가계급 성장은 상대적으로 늦었는데 사회주의 운동은 가장 강했던 곳이어서 여전히 정치적 주도권을 쥐고 있던 지주-귀족계급이 자본가계급을 견제하기 위해 노동자 세력과 동맹을 모색한 것이라니 세부적으로는 매우 흥미롭겠습니다만, 우리는 근대적인 사회적 보호 체계가 어떤 방식으로 등장하는지를 빠르게 훑어보는 중입니다. 곧이어 20세기 초 영국에서도 자유당의 사회개혁입법(노동쟁의법, 아동법, 노령연금법, 최저임금법 등)이 이루어집니다. 이들은 낭만주의와 사회주의 운동, 그리고 토마스 힐 그린의 유기적 관념론의 영향을 받은 (사회적) 자유주의자들로, 자유방임의 신조에서 벗어나 경제적 약자를 돕고 그들의 처지를 개선하기 위한 정부의 개입에 대해, 공동선과 공동의 목표에 대해, 그리고 지속성을 갖는 조직과 제도가 갖는 사회적 결속력에 대해 긍정하기 시작했습니다.[80]

제도화된 방식의 사회적 보호, 사회적 연대로서의 현대 사회복지의 발전은 20세기 전반기 내내 1차 세계대전과 공황, 그리고 다시 2차 세계대전을 겪느라 지체되었습니다. 물론 이런 어려운 시기의 경험이 이후 이른바 '복지국가'라는 적극적 형태로 사회복지가 발전하게 된 하나의 배경이 되기도 했습니다.

전투나 전시 사무를 위한 인력 동원으로도 모자라 각 개인의 집에서도 자전거, 휴지통, 대문과 난간 등 철제로 된 것이라면 모든 것을 동원해야 했던 총력전을 펼치면서[81] 이에 대한 국민의 지지와 동의를 받기 위해서는 '이 전쟁만 승리한다면 이렇게 국민을 보호하는 사회를 만들겠습니다'라는 청사진을 약속해야 했습니다. 대표적인 예가 1942년 말에 나온 영국의 (1차) 베버리지 보고서죠. 한편으로는 전쟁을 겪으면서 국민 사이에 강화된 사회적 연대감도 역할을 한 것으로 평가됩니다.[82] 물론 함께 전투에 참여했거나 전시 사무에 종사한 경험도 있지만, 평시에 교류할 일이 거의 없는 계층들이 '아, 우리가 같은 편이구나'를 경험하게 된 것도 중요합니다. 예를 들면, 공습을 피해 방공호에 몇 시간씩 함께 웅크리고 앉아 있게 된다든가, 아니면 도시(서민과 빈민)의 아이들을 (부유층이 주로 사는) 교외 지역이나 농촌의 가정에 맡기도록 한 정부 차원의 '소개(疏開)' 정책에 의해서 서로 교류하게 됩니다. 교류는 인격적 관계를 만듭니다. 말하자면 서로의 생활상이 어떤 보고서의 숫자로 이해되는 것에 그치지 않고 마음속에 그려지는 구체적인 이미지와 느낌으로 이해되는 것이죠. 이러한 연대감을 기억하는 사람이 많다면 사회적 연대와 보호를 제도화하는 정책에 대한 지지는 높을 수밖에 없습니다. 전쟁 때 했던 정부의 약속을 실행하려는 노력은 계층을 넘어선 국민의 지지, 즉 정치적 정당성에 의해 뒷받침되거나 혹은 감시되었다 할 수 있겠습니다. 전후 복지국가가 약 30년 정도 눈부시게 발전한 한 배경이죠. 이 기간은 나중에 '복지국가 황금기'라 불리게 됩니다. 이 기간 빈

부격차는 20세기 이후(통계가 존재한다면 아마도 자본주의 등장 이후) 최저 수준을 유지했습니다.[83]

이 복지국가 황금기는 우리가 잘 알고 있다시피 전후 자본주의 황금기와 일치하는 시기입니다. (물론 그야말로 한 줌에 불과한 이른바 '제1세계' 국가들에 한정된 이야기입니다.) 이들 복지국가에서는 19세기 자유방임 자본주의 때와는 달리 경제적 확대와 '성장'이 임금 상승과 노동 계층의 삶의 질 개선으로 이어집니다. 시장이 자기 파괴적이지 않은 지속성을 갖기 위해서라도 노동자의 완전한 도태나 낙오가 없어야 한다는, 다시 말해 노동자가 자신의 노동력이라는 상품을 시장에서 성공적으로 판매하지 못하더라도 기본적인 삶은 유지할 수 있도록 보장해야 한다는 – 이를 에스핑-앤더슨은 '탈상품화'라고 개념화했죠[84] – 생각이 공유되어 있습니다. 이 생각의 실현 방식은 조금씩 다르게 구상됩니다. 어떤 곳에서는 시장을 중심으로, 다른 어떤 곳에서는 국가를 중심으로, 또 다른 어떤 곳에서는 시장과 국가가 아닌 전통적 공동체들을 중심으로 말입니다. 바로 자유주의, 사민주의, 그리고 보수-조합주의 복지체제입니다. 하지만 어떤 방식을 추구하든 근대적 방식의 '제도화된 사회적 보호와 연대'가 빠르게 발전하며 틀과 자리를 잡은 것은 어디나 같습니다.

그런데 세 가지 복지체제는 이전 장에서 등장했었죠. 바로 신자유주의가 등장하는 시대의 배경과 관련하여 (세 가지 복지체제가 생산주의 패러다임에 근거하고 있다는 점에서는 공통적이라고 하면서) 생산주의 복지체제가 준 피로감을 살펴보았었죠. 이렇게 해서 이전 장에서 출발했던 자리로 다시 돌아왔습니다. 우리는 우리가 마주하고 있는 문제들의 근본 원인을 이해하기 위해 우리가 사는 현재가 여전히 근대의 사회임을, 근대적 사유 방식과 인간관에 기초하고 있음을 살펴보아야 했습니다. 그리하여 압축적으로 역사적 형성 과정을 살피며 근대적 인간관과 세계관을 그려보았습니다. 그 바탕 위에서 그와 매우 정합적인 자본주의가 발전했음을 보았습니다. 그리고 그러한 시대가 요구하는 새롭고 '근대적인' 사회적 보호와 연대의 체계로서의 지금과 같은 사회복지의 발전을 보았습니다.

다음 장으로 넘어가기 전에, 이런 의문이 들 수 있을 것 같습니다. "그런데 시대도 많이 변해서 이른바 '신 사회위험'과 '돌봄의 위기', '포스트 생산주의'나 '인지 자본주의' 시대의 고용 위기, '비정형-불안정 노동'과 대안적 소득보장의 문제, 지구의 지속 불가능성과 '생태주의' 등을 고민하면서 사회복지도 많이 변하지 않았나? 그것을 여전히 전후에 형성된 사회복지 체계와 같은 것이라 볼 수 있나?" 결국 우리가 이번 장에서 역사를 살펴본 이유가 이러한 의문에 답하기 위해서였을 겁니다.

첫 장에서 저는 복지란 곧 '별일 없이 잘 지내'는 상태에 있는 것이라 했고, 둘째 장에서 그러한 복지의 상태를 사회가 집합적 노력으로 보장하려는 사회복지는 인간에 대한 이해, 다시 말해 인간관에 기초하고 있다고 했습니다. 그리고 저는 전후 사회복지는 '자유로운 개인', 다시 말해 인간은 누구나 합리적인 판단을 할 수 있는 능력을 가졌으므로 각 개인이 독립적으로 자유롭게 살아갈 수 있을 때 존재적 본성이 충족된다는 이해와 믿음에 바탕하고 있다는 점에서 현재까지 변한 적이 없다고 생각합니다. 우리가 이 장에서 살펴본 근대의 인간관과 사유 방식이 사회의 주류적인 흐름에서는 변한 적이 없으니 이상한 일도 아닙니다. 그야말로 사회 전반의 모든 것들이 얽혀서 서로가 서로에게 영향을 미치면서 오랜 기간을 거쳐 형성된 것이 근대라는 세계와 세상을 보는 눈(세계관)이었습니다. 그만큼 쉽게 변하지 않는 것이기도 하지요.

따라서 20세기 이후 발전시킨 근대적인 사회적 보호와 연대의 체계는 '건강하고 자율적인 개인'을 원리로 합니다. 근대적 인간관에 기초하고 있는 것이죠. 사회복지의 목표는 이러한 개인이 될 수 있도록 보장하고 지원하는 것입니다. 어떤 점이 독립적으로 판단하고 생활할 수 없게 하는지를 파악하고 그 점을 해결할 수 있도록 돕고 지원합니다. 그렇다면 개인은 최소한의 존엄을 유지하는 삶이 가능합니다. 우리 시대 사회적 연대의 문법입니다. 이러한 점에서는 '구 사회위험'에 기초한 전후 복지국가도, 돌봄 위기 이후 빠르게 발전한 사회서비스의 정책과 제도도, 그리고 심지어 대표적인 대안적 소득보장의 안으로 이야기되는 기본소득의 모델도 다르지 않습니다. 그리고 지금 여기서 우리는 이러한 원리에 의해 만들어지고 발전해 온 20세기 중반부터의 사회복지에 대해 의문을 제기하고 있습니다. 무언가의 전환이 필요한 것 아닌가 답답해하고 있습니다. 그것이 양적인 차원에서 해결될 수 있는 문제가 아니라면 이제 우리가 고민해 볼 지점은 '별일 없이 잘 지내는 상태'가 무엇인지에 대한 이해 자체입니다. '독립적이고 자유로운 개인'일 수 있을 때 우리의 존재적 본성이 충족된다는 이해에 무슨 문제가 있었을까요? 근대 인간관을 돌아보게 된 이유입니다.

연대의 새로운 문법

04장

04장

이제 독립적이고 자유로운 개인일 수 있다면 별일 없이 잘 지내는 것이라는 생각, 바로 근대적인 사회적 연대의 원리 자체를 의심해 보려고 합니다. 합리적인 판단과 선택의 능력을 가진 개인에게 필요한 것은 그러한 판단과 선택을 방해하는 그 어떤 규제와 제약도 없는 상태, 즉 자유입니다. 의식주와 같은 기본적인 욕구가 충족되어야 한다든가 하는, 인간이 살아가는 데 필요한 많은 것들을 인정하지 않는 것이 아니라, 가장 근본적인 것을 따져 보면 그렇다는 것입니다. 독립적이고 자유롭다면 어떤 욕구를 어떤 방법으로 충족시키는 게 나에게 좋은 것(self-interest)인지 잘 판단하고 선택하여 행동할 수 있습니다. 그렇게 기본적인 욕구들도 충족될 수 있겠죠. 자율적 판단과 행위를 함에 어떠한 규제나 제약도 없는 상태는 '혼자 있을 때'가 완벽합니다. '자유로운 인간'이 아니라 '자유로운 개인'이 가장 이상적인 모습인 이유입니다. 근대적인 사유에서 이른바 '자연 상태'를 그린 그림이 있다면 거기에는 왠지 미국의 (이런 비유와 개념은 아메리카 원주민 입장에서는 어이없는 일이지만) 서부 개척 시대 주인 없는 황무지를 자신만만하게 바라보고 서 있는 한 명의 사람만 등장할 것 같습니다.

사람들은 왜 자발적으로 '나눔'의 행위를 할까요?[85] 그것이 나에게 좋은 일이라는 자율적이고 합리적인 판단이 있었기 때문일까요? 이 물음으로 시작하는 특별한 이유가 있는 것은 아닙니다. 다만 우리가 사회적 연대의 원리를 고민하고 있으니, 근대의 합리적이고 제도화된 방식이 아니라 그 이전부터 늘 존재해 왔던 자발적인 연대의 행위로서 나눔은 근대적 인간관에서 어떻게 이해될 수 있을지가 궁금해진 것뿐입니다. 그저 가까운 곳부터 본 것이지요. 우리가 흔하게 묻는 그런 물음입니다. 그리고 근대적 사유의 설명은 아마도 '나누는 행위는 결국 나를 위한 것이니까'이어야 할 것입니다. 나눔의 적지 않은 사례는 이런 '합리적 판단'에 의해 설명될 수 있습니다. 한 예로 사람들이 누구에게 기부하는지에 대한 연구들을 종합한 바에 따르면,[86] 대부분의 기부는 개인적인 관계나 지역적인 관계, 자신이 속한 공동체와의 관계에 있는 대상에 대해 이루어집니다. 더 구체적으로 예를 들자면, 미국의 부유한 기부자들은 상류층의 삶과 밀접하게 연관된 엘리트 기관들에 더 기부합니다. 다양한 형태와 방식으로 결국은 나를 위한 것이 될 가능성이 높죠. 하지만 모든 나눔이 이렇게 설명될 수 있다는 주장에는 쉽게 동의가 되지 않습니다.

우리한테 '나눔'이라는 말이 있다면 영어에는 비슷한 의미를 갖는 필란트로피(philanthropy)라는 낱말이 있죠.[87] 이 필란트로피 연구자이자 운동가인 로드리 데이비스는 사회가 서로 연결되어 있다는 생각에서 비롯되는 사회적 책임의식에서 필란트로피의 행위가 나온다고 주장합니다.[88] 사회계약론의 바탕 위에서 개인의 자유와 번영을 위한 사회의 중요성과 개인의 역할이 강조되었고, 빈곤과 같은 사회문제는 각 개인이 의무감을 갖고 해결해야 하는 사회의 실패로 인식되었다는 것이죠. 이것도 아주 '합리적인' 설명입니다. 그렇지만 너무 피곤한 날 집으로 가는 버스에서 다행히 자리에 앉은 나는 왜 바로 다음 정류장에서 버스에 오른 허리가 굽은 어르신이나 아이를 안고 탄 사람에게 자리를 양보하고 말았을까요, 아직 열두 정거장이나 더 가야 하는데. '나'는 사회문제를 해결하기 위해 역할해야 한다는 그런 거창한 생각까지 하면서 자리를 양보한 것은 아닙니다. 내 새 옷에 물이 튀길 걸 알면서도 넘어지려는 아이를 붙잡아줄 때도 마찬가지입니다. 다양한 나눔을 설명하기에는 사회적 책임감이라는 동기(動機)는 제한적입니다.

기부나 자선, 봉사에 관한 연구들을 살펴보면 나눔 행위의 동기를 여러 가지로 제시합니다. 자신의 심리적 만족을 위한 것일 수도 있고, 평판을 신경 써서일 수도 있고, 이타심 때문일 수도 있으며, 누군가가 간청하거나 권유해서일 수도, 비용과 효과 면에서 효율적인 일이라 생각되어서일 수도 있답니다.[89] 목록은 계속되는데, 이렇게 되면 다양한 나눔의 행위 각각의 이유에 대해 무언가 말할 수는 있어도 무엇이 가장 중요하고 근본적인 동기인지는 알 수가 없습니다. 다행히 그중 가장 우선되는 것은 심각한 욕구나 필요를 마주하게 되는 것이랍니다.[90] 인간은 타인의 심각한 욕구나 필요를 인지하면 그에 공감하고 도움을 주거나 협력한다는 것이죠. 즉, 공감이 사람을 나눔에 나서게 만드는 직접적인 동기라는 설명입니다. 철학자 피터 싱어도 '우리는 설혹 자신의 손해(예를 들어 새 구두를 버리게 되는)가 야기되더라도 물에 빠진 어린아이를 보면 구하려 하며, 이는 선택이 아니라 의무로 여겨진다'고 이야기했답니다.[91] 우리가 익숙히 알고 있는 유가철학의 측은지심(惻隱之心), 곧 '어진 마음'에 대한 설명과 완전히 같군요.

다양한 실험 근거를 가지고 어떻게 인간이 침팬지와 같은 영장류와는 달리 문화를 만들고 공유하고 전수하는 대규모 사회를 형성하는 종으로 진화했는지 설득력 있게 말해주는 영장류학자 마이클 토마셀로[92]에 의하면, 인간의 공감과 그에 따른 도움주기는 진화적으로는 부모의 자녀 돌봄에 기원을 두며, 따라서 이의 '가장 순수한 형태'에서는 의무감과는 무관한 것입니다.[93] 사실 물에 빠진 아이를 볼 때 내 안에서 공감이 일어나고, 공감이 어떤 의무감을 일으켜서 아이를 구하는 행위에 나선다고는 잘 생각되지 않습니다. 우리는 타인의 어려움이나 아픔을 보면 이에 공감하고, 때로는 나도 모르는 사이에 도움에 나서기도 하고, 때로는 '그렇다면 내가 도와야지'라고 생각한 뒤에 도움에 나서기도 합니다. 아무래도 전자는 타인의 어려움이 바로 눈앞에 있을 때, 후자는 추상적이든 실제로든 거리가 좀 있을 때 그런 경향이 있지요. 어쨌든 이렇게 보면 '공감하기'는 우리의 본성적인 반응으로 보이며, 전자의 도움주기는 공감이 거의 동시에 행위로 연결된다는 점에서 '공감 동기에 의한 나눔'으로 볼 수 있겠고, 후자의 도움주기는 공감 이후 행위에 이르는 과정에 다른 생각과 동기가 개입될 수 있다는 점에서 공감만이 동기인 행위라고 하기는 어려워 보입니다.

그런데 우리는 왜 본성적으로 공감하는 걸까요. 대형 유인원도 '비용이 크지 않고 먹이 경쟁이 없을 때'라면 도움이 필요한 개체에 공감하고 돕는답니다.[94] 하지만, 인간은 서로 도와야만 생존할 수 있는, 서로 연결되어 있는 수준이 아니라 서로 의존적인 존재입니다. 의존이 인간 종이 살아가는 작동 원리이죠. 따라서 인간의 상호 의존성은 공감을 우리에게 내면화시키고 인간을 '본성적으로 협력적인' 종으로 만들었습니다.[95] 인간의 생각은 '근본적으로 협력적'이라는 점에서 다른 대형 유인원들과 다릅니다. 인간의 생각에는 사회성이 '깃들어' 있습니다. 다른 종에 비해 협력이 생존의 전제조건으로 더욱 강력하게 요구되었던 초기 인류는, 협력 활동의 다양한 조건에서 각자의 역할이 바뀔 수 있다는 것을 이해하기 시작하였고, 상대방을 협력 파트너로서 평가하면서 역으로 자신에 대한 타인의 평가를 걱정(사회적 자기관찰)하기 시작했으며, 사회적 평가에 맞춰 자신의 행동을 조절(규범적 자기규제)하기 시작했습니다. 이에 따라 인간은 객관적이고 성찰적이며 규범적으로 생각하게 되었습니다. 관점과 역할을 대상화하고 바꿔가며 생각할 수 있고, 다른 사람의 의도를 추론하고 자신의 의도를 들여다 볼 수 있으며, 도구적인 성공의 기준을 넘어 집단의 기준으로 자신의 생각을 평가할 수 있게 되었습니다. 다시 말해 인간의 사고방식에는 협력적 사고가 깊게 새겨지게 되었습니다.

이렇게 보면 사람들이 특별히 어떤 이익이나 보상이 기대되지 않을 때도 왜 좋은 평판을 바라는지, 왜 공동체 지향적인 생각을 가지며 사회의 규범에 맞춰 행동하려 하는지 알 수 있습니다. 작가이자 사회운동가인 리베카 솔닛이 다양한 재난 사례를 분석하고 다다른 결론은 이것이었죠. '재난의 상황에서 인간은 이기적이고 야만적으로 변하는 것이 아니라 물건을 자유롭게 공유하고 집단적이고 협력적이 되며 평소와 다른 연대의식을 느끼면서 그 속에서 기쁨을 느끼고 정서적으로 더 풍요로워진다.'[96] 인류가 생존해 올 수 있었던 이유는 위기와 스트레스 상황에서 투쟁이나 도피의 전략을 택하여 경쟁과 고립을 초래하기보다는 배려와 친교로 사회적 유대를 강화하는 선택을 해왔기 때문입니다.[97]

인간의 존재 조건으로서의 상호 의존성은 개인을 본성적으로 공감하고 협력하려는 지향을 갖게 만든 것뿐만 아니라, 개인과 개인, 집단과 집단 사이의 호혜적 협력에 대한 의무감을 가지도록 만들었습니다. 이미 100년 전에 〈증여론〉의 마르셀 모스가 경험적인 연구를 통해 이야기한 바 있습니다. 개인 간, 씨족 간, 부족 간, 민족 간 관계가 평화롭고 안정적인 교환이 가능한 관계가 아니라면 폭력적인 대립과 끊임없는 불안정밖에 없으므로, 인간은 생존하기 위해서 서로 희생 없이 주고받는 증여와 답례의 의무에 따라 교환하는 법을 배울 수밖에 없죠.[98] 평화는 결국 공존이고, 이는 교류와 공유가 전제되어야 하는, 일방적일 수 없고 언제나 쌍방적이고 복합적인 '조화'를 의미합니다.[99] 그리고 이러한 평화 지향이 인간 사회의 지속을 위한 불가결한 전제라면, 상품의 거래가 아니라 증여-교환의 도덕이 시공간을 막론하고 인간 사회의 기본적인 도덕일 수밖에 없습니다.[100] 우리에게는 두 가지 협력의 동기가 있습니다. 하나는 앞에서 살펴본, 이타적 도움주기나 순수한 협력으로 이어지는 공감의 동기이고, 다른 하나는 상호 이익을 얻는 협동으로 이어지는, 책임감이나 의무감을 수반하는 호혜와 공정, 정의의 동기입니다.[101]

모스의 연구 배경에는 '자신의 이익을 계산하는 데만 집중하는 세계가 출현하기 시작했다는 시대적 위기감'이 있었기에,[102] 모스는 의무와 자발성이 혼합된 증여-교환의 도덕을 회복하여 도덕적인 사회를 실현하자고 주장합니다.[103] 그런데 흥미롭게도 "시민이 너무 선량하고 개인적이기를 바라서도 안 되며, 또 너무 비정하고 현실주의적이기를 바라서도 안 된다. 시민은 자기 자신에게뿐만 아니라 다른 사람과 사회현실에 대해서도 날카로운 의식을 갖지 않으면 안 된다"고 이야기합니다.[104] 저는 모스가 사람들이 모두 착하고 이타적이기만 해서도, 그렇다고 딱 '기브앤테이크(give and take)'만을 바라서도 안 된다는 말을 하고 싶었다고 생각합니다. 상품 거래와 달리 증여-교환의 도덕은 정확히 같은 가치를 요구하는 것은 아닙니다. 상대방에 대한 예의와 배려의 여지, 즉 착하고 이타적인 동기가 발휘될 공간이 있죠. 그렇게 '등가(等價)'일 필요는 없어도 답례의 의무 자체는 잘 지켜져야 합니다. 그것을 따지고 강제할 수 있어야 아름답고 평화로운 사회가 유지 가능하다는 이야기를 하고 싶었겠죠.

여기서 우리는 협력이라는 행위가 어떻게 자연선택의 진화 과정에서 생존하였는지에 대한 경제학적인 설명을 떠올리게 됩니다.[105] 이에 따르면, 협력이 최대의 과실을 약속한다 해도, 무조건적 협력자(의 이타적 행위)는 무임승차자(의 계산적 행위, 즉 주류 경제학이 가정하는 경제적 인간의 합리적 행위)에 의해 도태되기 마련이어서, 결국 윤리적 동기나 타인을 고려하는 선량한 동기만으로는 최선의 결과를 얻지는 못하게 됩니다. 협력에 의한 최대 과실은 조건부 협력자(의 대응적 협조 혹은 응징 행위)가 무임승차자를 내치거나 견제할 때만 가능하다는 것이죠. 경제학자 새뮤얼 보울스는 이것을 윤리적이거나 이타적인 동기와 이기적 동기가 시너지 효과를 내고 더 나은 사회적 결과를 얻게 해 주는 '특정 조건'이라고 주장합니다.[106] 따라서 인간 사회가 이기주의자만 남아 (죄수의 딜레마 등 게임이론이 보여주는) 최소 수준의 총량 이익만 얻는 실패한 사회가 되지 않고, 상호 협력에 의한 최대 이익을 얻어 번영해 온 이유는 언제나 조건부 협력자들이 있었기 때문입니다.[107] 답례의 의무가 잘 지켜지는지 따지고 강제하려는 시민이죠.

이때 우리가 유의할 점이 세 가지 있습니다. 하나는 위에서 우리가 이기주의자, 이타적 협력자, 조건부 협력자를 이야기할 때, 그들이 언제나 같은 사람을 의미하는 것은 아니라는 점입니다. 인간은 때에 따라 이기주의자이기도, 이타적 협력자이기도, 그리고 조건부 협력자이기도 합니다.[108] 둘째는 조건부 협력자들이 상대방의 행위에 대응하여 협조하거나 응징하는 행위, 그중에서도 특히 무임승차자를 응징하는 행위는 자신에게는 이익이나 보상이 기대되지 않고 때로 불이익이 예상되는, 순수하게 이타적인 행위인 경우가 대부분이라는 점입니다. 공정성이나 공평성, 정의의 감각이 동기가 되어 일어나는 협력적 행위인 것이죠.[109] 셋째는 세 형태의 행위자들이, 또는 그러한 세 가지의 동기와 행위들이 적절한 균형을 이루어 공존하고 있을 때 최대 과실이 얻어진다는 점입니다. 이타적 협력자만 많으면 무임승차하는 이기적 행위자가 늘어나지만, 이를 아무도 응징하지 않으니 최대 과실은 불가능합니다. 조건부 협력자가 있어야 하죠. 이런 면에서 이타적 협력자는 조건부 협력자에게 무임승차합니다.[110] 그런데 조건부 협력자는 이기적 행위자의 존재를 전제로 합니다. 이기적 행위자가 지나치게 줄면 조건부 협력자도 줄게 되고, 다시 이타적 협력자만 많아지게 되면서 무임승차의 증가로 이어질 것입니다. 결국 이기적 행위자, 조건부 협력자, 그리고 이타적 협력자 간의 적정 비율이 유지되어야 최대 과실이 가능해집니다.

인간은 자신이 직접적이고 상호적으로 협력하고 의존해야 하는 대상의 범위를 넘어서서 타인의 안녕에 관심을 갖고 의무감을 느끼며 도움을 주거나 협력하기도 합니다.[111] 20세기 초의 지리학자이자 생물학자인 표트르 크로포트킨은 이를 본능적인 연대의식 혹은 사회적 본능이라고 설명했습니다.[112] 그는 다윈의 〈진화론〉의 핵심은 (당시의) 많은 사람들이 오해하거나 왜곡하듯 개체변이의 축적, 개체 간 경쟁과 적자(適者)생존이 아니며, '협력하는 구성원이 가장 많은 공동체가 가장 번창한다'는 집단선택의 과정임을 지적합니다. 그리고 스스로의 연구를 통해 이를 재확인합니다. 그에 따르면, 동물과 인간의 진화에서 경쟁은 예외적인 시기로 제한되고 자연선택은 가능한 한 경쟁을 피해 왔습니다. 개인들 간 영속적 투쟁이라는 홉스의 '자연 상태'는 허구이며, 늘 경쟁하다 뜻하지 않은 변덕으로 인간 집단과 사회가 형성된 것이 아닙니다. 다양한 종과 집단의 동물들 간 상호 투쟁만큼이나, 같은 종과 집단에 속한 동물들 사이의 상호부조가 있으며, 상호 부조하는 동물들이 곧 생존한 적자입니다. 그러한 진화 과정에서 깊게 새겨진, 20세기 사회정책과 복지국가의 발전을 이야기하면서 빼놓을 수 없는 사회정책학자 중 한 명인 영국의 리처드 티트머스의 표현을 빌리자면 '존재의 바탕에 새겨져 있는'[113] 인간의 연대의식과 사회성은 상호부조와 같은 나눔의 본능적 동기입니다. 이는 '개미나 꿀벌과는 달리' 소속 집단을 넘어 종 전체에 대해 가진 높은 수준의 연대의식입니다.[114]

종합하자면 나눔의 동기는 크게 세 가지로 나누어 볼 수 있겠습니다. 첫째는 바로 이 장을 시작하면서 생각해 본 근대적 사유 방식의 설명입니다. 개체로서의 개인의 합리적 동기죠. 자신이 중요하게 생각하는 사회문제 해결을 위해서든, 나중에 자신에게 어떠한 형태로든 보상으로 돌아올 평판을 위해서든, 자신의 심리적 만족을 위해서든, 또는 세제 혜택 등을 통한 경제적 이익을 위해서든, 우리는 합리적인 판단으로 나눔에 나서기도 합니다. 둘째는 협력하고 평화해야 생존하고 번영할 수 있는 존재로서의 호혜적 동기입니다. 증여-교환의 호혜적 기대와 의무감이 나눔에 나서게 만드는 것이죠. 셋째는 상호 의존하는 사회적 존재로서의 이타적 동기입니다. 우리는 타인의 욕구에 대한 공감 때문에, 또는 도덕적 의무감이나 정의감에 의해 자신에게 돌아올 수도 있는 불이익을 생각하지 않고 나눔에 나서기도 합니다.

그런데 우리는 이 세 가지 나눔의 동기가, 얼마나 강하게 작용하는지는 그때그때 서로 다르지만, 흔히 동시에 작용한다고 이해해야 할 것입니다. 같은 인간에 대한 스스로도 알지 못할 의무감이 일어, 개인적인 불이익이 뻔히 예상됨에도 타인을 위한 행동에 나설 수 있지만, 그때도 다른 여러 가지 동기가 동시에 작용할 수 있습니다. 예를 들면, 흔쾌히 기부하면서도 연말에 세금 공제 혜택을 받을 수 있는지 궁금해할 수 있고, 헌혈을 하면서도 나중에 자신이 수혈이 필요할 때 헌혈증서가 제 역할을 해 줄 것인지 불안해 할 수 있으며, 이웃집 잔치에 음식을 가져다주거나 부조금을 내면서 나중에 비슷한 보답을 받을 수 있을지 생각할 수 있습니다. 도덕철학자였던 애덤 스미스도 인간이 자기 이익(self-interest) 외에 이와 상충하는 다양한 동기를 가졌다고,[115] 인간의 본성에는 이기심 외에 명백히 다른 원리들이 있어서 타인을 고려하는 윤리적 동기를 가지고 있다고 했습니다.[116] 인간은 여러 가지 본성을 가지고 있고 그것은 상황에 따라 다르게 발현되는 듯합니다.[117] 오로지 이타심에 의해서만 충동되어 나눔의 행위에 나서는 '순수 이타주의자'는 없으며,[118] 나눔의 동기는 나누는 행위만큼이나 다양하면서,[119] 어떤 나눔도 하나의 동기로만 작동하지 않습니다.[120]

다시 이 장의 처음으로 돌아가 볼 때입니다. 인간의 원초적 기본 상태는 자유로운 개인이라는 근대적 사유 자체를 한번 따져 보자고 했습니다. 독립적이고 자유로운 개인일 때 별일 없이 잘 지낼 수 있고, 따라서 그러지 못한 경우에 그런 모습일 수 있도록 제도적으로 지원하는 근대적인 사회적 연대의 원리를 의심해 보겠다 했습니다. 이와 관련해서 나누는 행위의 동기에 대한 탐구는 적어도 두 가지 생각할 점을 주는 듯합니다. 이 두 가지는 서로 연관되어 있습니다. 하나는 개체적 개인을 상정한다는 것이 타당한지 혹은 가능한지 하는 의문입니다. 인간에게 나눔과 협력은 생존을 위한 필수라면, 개체로서의 개인을 가정한다는 것이 도대체 무엇일까요? 그것은 그냥 추상의 영역, 이론적인 논의의 영역에서만 의미가 있는 그런 것일까요? 협력의 진화를 설명하는 데 '개체'를 전제하는 것이 타당할까요? 개체의 이익을 중심으로 하는 '합리적'인 계산과 그에 따른 '이기적'인 행위라는 것이 인간을 포함한 실제 생물의 세계에서는 불가능하고 의미를 갖기 어려운 것이 아닐까요?

토마셀로의 말을 좀 더 들어보겠습니다. 간단히 말해 두 개체가 만약 암컷과 수컷처럼 상호 의존적 관계—물론 반드시 암컷과 수컷일 필요는 없습니다—이고 서로의 안녕에 관심을 갖고 있다면 죄수의 딜레마는 성립하지 않습니다. 복잡한 유기체는 다양한 사회적 관계와 상호 의존에 '매여' 있으며, 상호 의존이 개체의 적합도를 높여주므로 협력은 호혜 여부, 다시 말해 정확히 '기브앤테이크'로 연결되지 않아도 이루어집니다. 나의 번성이 내가 속한 사회집단에 달려 있으므로, 보상과 무관하게 집단의 동료(와의 상호 의존의 관계)를 신경 쓰며 살아갑니다.[121] 그야말로 공생하고 공존하는 것이죠. 이렇게 보면 단절된 개체로서의 개인을 상정하는 이론은 한계가 뚜렷합니다. 예를 들어 우리가 여기서 살펴본 인간의 나눔 행위를 온전히 다 이해하고 설명하기 어렵죠. 인간이 본성적으로 '우리(we)' 개념에 기초한 사고를 하는 동물로 진화해－'진화'는 사실 많은 오해를 불러일으키는 표현이고, 더 정확한 표현은 크로포트킨이 이야기한 것처럼 집단선택되어 온 과정이죠－왔다면[122] '나'만을 전제하는 설명이 충분할 수 없습니다. 개체가 합리적으로 극대화하려는 '자신의 이익'을 먼 훗날 실현될 수 있는 이익이나 가치관과 신념 추구에 따른 성취감 등으로 확장함으로써 이타적 협력 행위를 설명한다 해도,[123] 설명할 수 없는 나눔과 협력 행위가 남게 됩니다. 그렇지 않다면 모든 것을 설명하는 듯하지만 실제로는 아무런 힘이 없는 설명－"하다못해 내 심리적 만족감을 높여주기라도 하는, 뭐든 결국은 다 나를 위한 거야"라는, 'A catch-all explanation explains nothing'의 덫에 빠진－이 될 것입니다.

앞에서 저는 근대적인 관점에서 '자연 상태'의 인간을 그림으로 표현한다면 황무지를 자신만만하게 바라보고 서 있는 한 명의 사람만 등장할 것 같다고 했습니다. 그리고 이 그림은 맞지 않는 듯합니다. 그 사람 옆에는 다른 사람(들)이 필요합니다. 각자 다른 곳을 자신만만하게 바라보고 서 있을 수 있지만, 그들은 서로 의존하고 신경 쓰는, 첫 장에서 이야기한 것처럼 넓게 보면 서로 돌보는 관계이기 때문에 존재할 수 있고 그렇게 자신만만할 수 있습니다. 근대적 사유와 인간관은 '자연 상태'라는 그림의 한 부분만을 보았다고 할 수 있겠습니다.

두 번째 생각할 점은, 나눔의 동기가 하나가 아니고 다양한 방식으로 함께 작용하듯, 또는 한 사람이 때에 따라 조건부 협력자였다가 이기적 행위자였다가 다시 이타적 협력자가 되기도 하는 것처럼, 인간의 본성은 때로는 모순적이기도 할 정도로 입체적인 것으로 이해되어야 한다는 점입니다. 이는 바로 앞서 개체로서의 개인을 상정하는 것의 어려움과도 연관됩니다. 우리는 당연히 개체로서 존재하고 있는데, 함께 하지 않으면 존재할 수 없습니다. '나'는 당연히 '나'를 중심으로 생각하는데, 동시에 '우리'라는 개념에 기초한 사고를 합니다. 우리는 이기적이면서 이타적이고, 개체적이면서 관계적입니다. 여기서 '관계적'이라는 표현은 우리가 흔히 사용할 때보다 강한 의미로 이해되어야 할 것입니다. 관계없이 살 수 없으니 '비개체적'이라는 뜻이죠.

모순성의 혼재는, 다시 말해 서로 상충되고 반대되는 것이 동시에 함께 존재하고 작용하면서 언제 어떤 것이 더 강하게 표출될지 정확히 예측할 수 없는 상태는, 근대의 시각에서는 인정하고 긍정하기 어렵습니다. 그것은 합리적이지 않습니다. 세상은 이성과 이성의 대상(이성에 의해 파악되고 설명되고 예측되고 변화되는 대상)으로 나뉩니다. 합리와 비합리로 나뉩니다. 인간과 자연으로 나뉩니다. 나에게 좋은 것과 좋지 않은 것으로 나뉩니다. 질서와 무질서로 나뉩니다. 그러나 우리는,

그리고 세상은 그렇지 않습니다. 인간은 입체적입니다. 정확히 설명되고 예측될 수 없습니다. 그리고 그 입체성은 개체적이면서 동시에 관계적이라는 인간의 존재적 본질에서 비롯되는 것으로 보입니다. 이는 현대물리학에서 모든 사물이 입자 수준에서는, 예를 들어 전자가 상호작용 할 때만 존재하는 것처럼, 관계적 양상으로 실재하기 때문에 확률로만 나타낼 수 있을 뿐 결정되어 있는 것은 아무것도 없다고 이야기하는 것에 비유할 수 있겠습니다.[124] 상호작용이라는 것은 그 결과가 결정되어 있을 수 없죠. 관계적 본질은 입체성의 원인입니다. 아마 아래 인용문이 현대물리학에 관한 책에서 물리학자가 한 말이라고는 쉽게 짐작하지 못할 것입니다.

> 관계적 관점에 설 때 우리는 주체/객체, 물질/정신의 이원론에서, 실재/사고 또는 뇌/의식의 환원 불가능해 보이는 이원론에서 벗어날 수 있습니다.[125]

근대적 사유는 그 이전과는 달리 사람에, 그리고 사람이 가진 이성의 힘에 주목했다는 점에서 크나큰 진전이었습니다만, 이성의 힘에 매료됨으로써 스스로 시야를 좁힌 듯합니다. 잘못 본 것은 아닙니다. 정말로 매혹되고 감탄할 만한 힘이죠. 다만 그것만 집중해서 보느라 시야에서 전체를 놓쳤다는 것입니다. 근대는, 근대적 사유 체계 안의 우리는, 자신이 가진 이성이라는 능력으로 무엇이든 완벽하게 해낼 수 있다는 자신감에 도

취되어 있는 젊은 보부아르와 사르트르 같은 모습이었는지 모릅니다.

그들은 타인에 대한 어떤 감정적 의무도 인정하지 않았다. 자신들을 순수한 이성과 의지의 화신처럼 생각하다 보니 자기네가 얼마나 타인에게 의존해 있는지, 자기들이 어떤 식으로 적대적인 세상에서 보호받았는지 인정하지 못했던 것이다.[126]

연대의 새로운 문법

05장

05장

이성의 힘에 매료된 근대는 독립적이고 자율적인 개체를 인간의 원형으로 상정했습니다. 가장 넓은 의미에서 '자유주의'의 시대가 열렸고, 지금까지 이어지고 있습니다. 이제 우리는 시대의 전환이 필요한 건지도 모르겠다고 느껴지는 어려움들을 마주하고 있고, 이는 신자유주의 30년의 극복으로 해결되지 않는, 보다 근본적인 문제일지 모릅니다. 사실 신자유주의 전성기가 막을 내린 뒤 20년이 넘도록 우리는 그것을 어떻게 극복할 수 있는지 모르고 있죠. 그 기원과 배경을 이해하기 위한, 더 근본적인 물음을 던져볼 수밖에 없는 이유이기도 합니다. 그래서 우리는 앞 장에서 "혹시 그 근대의 시작이, 그 '인간의 원형'에 대한 이해와 나아가 세상을 바라보는 관점이 한계가 있던 것은 아닌가?" 하는 물음을 가졌습니다. 그리고 나눔이라는 연대 행위의 동기를 살펴보면서 인간의 본성은 관계적이고 입체적인데, 이를 개체적이고 평면적으로 이해한 부족함이 있지 않았나 생각해 보았습니다. 이 장에서는 사회정의의 문제를 살펴보면서 그러한 근대적 사유의 한계에 대해 조금 더 생각해 보려 합니다. 나눔이 개인 차원에서의 연대의 행위라면 사회정의는 집단 차원에서의 연대의 이유이자 연대 그 자체입니다. 정의롭다고 여겨지지 않는 집단과 사회에서는 구성원 간 연대감을 갖기 어렵다는 점에서 연대의 이유이고, 정의롭지 않다면 집단과 사회는 유무형의 폭력에 의하지 않고는 유지되기 어렵다는 점에서 연대 그 자체입니다.

앞 장에서 때때로 우리 자신도 모르게 우리를, 이기적 행위자를 응징하려는 조건부 협력자로 만드는 동기를 살펴본 바 있습니다. 아주 아기 때부터 이미 드러난다는, 인간의 본성적인 공정성 감각입니다. 이 감각 또한 입체적입니다. 지나친 불평등도, 지나친 무책임(무임승차)도 허용하지 않습니다.127 아무튼 인간에게는 공정한 분배가 늘 중요한 일인 것이죠. 그렇지만 이것이 본격적인 사회정의의 문제로 다뤄지기 시작한 것도 근대의 시작과 연관되어 있습니다. 인격적 교환이 화폐가 매개하는 익명적인 상품 거래로 바뀌고, 봉건적 위계의 자의적이고 탄력적인 분배는 점차 계약과 제도와 시장에 의해 그 역할이 대체됩니다. 이와 함께 공동체의 나눔과 협력에 의한 분배 또한 여지와 가능성을 거의 완전히 상실합니다. 공정한 분배는 더 이상 '신의 가르침이 그러하기 때문에'라든가 '사람이라면 마땅히 그리 행동해야 하기 때문에', 다시 말해서 도덕적인 사람의 도덕적인 행위에 기대어 이루어지는 문제가 아닙니다. 사회적인 계약과 합의에 기초한 제도에 의해 이루어져야 하는 문제가 됩니다. 도덕철학에 대한 관심은 분배정의를 중심으로 한 사회정의의 원리와 방법으로 옮겨갑니다. 그리고 그것은 당연하게도, 근대적인 사유에 기초하여 자유주의적이고 개인주의적인 접근에서 고민됩니다.

앞서 세계인권선언 제1조를 인용했었습니다. 근대적인 인간관의 결정체죠. 모든 사람은 자유로운 존재로 태어났고 존재만으로 같은 가치를 지닙니다. 이는 모든 인간에게 똑같은 도덕적 지위를 부여하는 평등주의적인 사고이면서 동시에 인류의 도덕적 단일성을 확신하는, 그만큼 역사와 문화에 따른 공동체의 전통과 가치의 서로 다름은 부차적인 것으로 보는 보편주의적인 사고입니다. 지역, 성별, 인종, 종교 등 그 어떤 것에 의한 차별도 인정될 수 없습니다. 또한, '사회적 집합성에 대한 개인의 도덕적 우선성', 다시 (우리말로) 말하자면 인간 공동체보다 개인이 더 중요하고 우선이라는 생각과 연결되어 있습니다.[128] 따라서 개인의 자유에 앞서는 것은 없습니다. 공동체의 구성원으로서 마땅히 따라야 하는 행위의 원칙 같은 것이 개인의 자유보다 앞설 수 없습니다. 절대적 선, 존재의 목적, 종교가 정의 내리는 좋은 삶과 같은 것도 부정되거나 뒤로 밀립니다. 내가 자유롭게 판단하고 선택하여 수용하거나 계약하기 이전에 나에게 주어지는 어떠한 '옳음'이나 도덕률, 의무 같은 것은 없습니다. 유일하게 선험적으로 옳은 것이 있다면, 바로 '개인이 각자의 옳음을 선택할 수 있어야 한다'는 것뿐입니다. 선험적인 '옳은 삶'과 같은 것은 없는 것이고 각자의 선택으로 추구되는 '좋은 삶'만이 가능하죠. 개인에 의한 선택의 자유가 정의의 기초입니다.[129] (여기서 잠깐만 옆길로 새자면, 그래서 자유주의의 전통에서 권리는 오직 개인의 권리일 뿐입니다. 자유주의의 발전에 크게 빚지고 있는 인권 개념도 인간의 사회적 본성을 외면하고 단자적 존재론에 근거한다는 일각의 비판을 받아왔죠.[130] 인권사회학자 조효제가 인권은 자유주의자들에게 지지받기 용이한 이념이라고 이야기하는 하나의 이유가 될 것입니다.[131)]

그렇다고 완전한 상대주의에 빠져야만 하는 것은 아닙니다. 근대 개인주의-자유주의자들은 합리적인 개인 모두가 동의할 수 있는 합리적 기준과 절차는 가능할 것이라고 생각했습니다. 보편적 선은 없지만 보편적 법칙은 가능할 것이라고 생각했습니다. 다시 말해 이러한 기초 위에서 세울 수 있는 정의의 원칙은 합리적으로 자신의 선관념(무엇이 옳다는 생각)과 자신의 이익을 추구하는 개인들 모두가 동의하고 합의할 수 있는 공정한 절차에 관한 것일 수밖에 없습니다. 합리적인 선택 능력이 있는 자유로운 개인 모두가 합의할 수 있는 원칙이 곧 정의인 것이죠. 그 정점에 존 롤스의 정의론이 있습니다.[132] 롤스는 잘 알려져 있다시피, '무지의 장막(veil of ignorance)'이라는 가정적이고 이상적인 논의 조건을 설계합니다. 그 장막 안에서 개인은 모든 관계와 지위와 조건에서 벗어나 있습니다. 분배와 관련해서 모두가 유리하거나 불리한 조건 없이 같은 출발선에서 있다는 것이죠. 그저 자신에게 좋은 것은 최대화하고 안 좋은 것은 최소화하려는 위험 기피자로서의 관점에만 서 있습니다. 분배 원칙을 검토할 때 자신이 가장 운이 없을 가능성을 포함해야 합니다. 이렇게 되면 모두가 공정한 관점에서 합의할 수 있는 분배의 원칙이 도출될 거라 본 것이죠. 가장 널리 알려진 것이 제2원칙 중 차등의 원칙(difference principle, 최소수혜자의 최대 이익 원칙, maximin principle)일 것입니다. 내 수업에서 한 학생은 이를 "피자를 네 맘대로 나누되 네가 제일 마지막에 골라" 원칙이라고 산뜻하게 정리했습니다. 참 합리적인 원칙인 것처럼 들립니다.

롤스 정의론의 '최소수혜자 최대 이익 원칙'의 매력에 빠져 우리가 자꾸 까먹는 것은 그 출발점이자 바탕입니다. 바로 철저하게 근대적 사유, 곧 개인주의이자 자유주의에 근거하고 있다는 것입니다. 앞에서 반복적으로, 그리고 세계인권선언 제1조를 통해서도 이야기했듯이, 똑같이 이성을 지닌 가치 있는 존재로서 개인은 누구나 평등하게 자유로워야 합니다. 이것이 롤즈 정의론의 제1원칙입니다. 이 원칙은 제2원칙보다 우선적입니다. 어떠한 목적이나 '옳음'도 자유로운 개인의 존재 이전에 위치할 수 없습니다. 모든 것은 선택될 수 있어야 하므로 선택의 자유, 곧 선택의 권리를 보장하는 것이 가장 우선입니다. 사회와 모든 사회적인 것은 자유로운 개인 간 합의에 의한 것이어야 합니다. 토마스 홉스와 존 로크 이래로 주류적인 계약론적(contractarian) 접근이자, 보편적 정의는 없지만 정의의 보편적인 절차는 추구할 수 있고 해야 한다는 절차적 정의(procedural justice) 중심 접근입니다.[133] 제2원칙은 무지의 장막 뒤에서 자유로운 개인이라면 합의할 수밖에 없는 분배의 절차입니다. 사회적, 경제적 불평등은 이 절차에 의한 결과일 때에만 공정한 것으로 수용될 수 있습니다. 먼저, 누구나 공정한 기회균등(fair equal opportunity)의 조건을 누릴 수 있어야 합니다. 자신의 타고난 재능을 발휘하기 위한 노력을 다할 기회(곧 자유)는 공정하게 주어져야 합니다. ('타고난 재능'에 대해서는 조금 뒤에 생각해 보겠습니다.) 그리고 난 다음, 그러한 자유와 권리를 침해하지 않는 한에서, 운이 나빠 타고난 재능도 적고 최소수혜자가 된 자들에게 최대의 이익이 되도록 분배되어야 합니다. 뒤집어서 이야기하면, 경제적 불평등과 사회적 불평등은 기회균등에 의한 것이면서 최소수혜자의 처지 개선에 기여하는 한 공정한 불평등, 정의로운 불평등입니다.

대표적으로 롤스의 정의론을 살펴보았을 뿐 근대 자유주의의 시각에서 분배정의의 문제는 유사하게 이해됩니다. 평등하게 가치 있고 자유로워야 하는 개인의 존엄과 권리의 보장에 다름(불평등)이 있을 수 없습니다. 시장에서의 활동을 포함하여 언제 어디서든 자유롭게 판단하고 활동할 수 있어야 하고, 그 결과로 얻어진 사유재산을 자의적으로 빼앗기지 않을 권리를 비롯하여, 표현과 결사 및 집단의 의사결정(정치)에 참여할 자유이자 권리 등이 평등하게 보장되어야 합니다. 이 자유(로운 활동)의 결과는 평등하게 나타나지 않습니다. 사회적 지위나 재산의 크기는 서로 다르게 나타납니다. 특히 이 시각에서는 불평등하게 나타날 결과가 우리를 더 열심히 활동하게 하는 유인(誘因, incentives)이기도 한 점을 중요하게 생각하죠. 하지만 지나친 불평등은 소수에게 사회적이고 경제적인 힘을 집중시켜 결국 다수 개인의 자유를 제한하거나 억압하는 원인이 되므로, 일반적으로 수용되지 않습니다. 동시에 불평등하게 나타나는 결과에 지나치게 손을 대는 것은, 결국 자유로운 활동을 부정하는 것이면서 무책임한 무임승차를 부추기는 것인

만큼 이 역시 일반적으로 수용되지 않습니다. 앞서 이야기한 우리의 본성적인 공정성 감각의 입체성이죠. 결국 자유로운 활동과 그 결과를 일부 제한하고 손봄(재분배)으로써, 이유가 인정될 수 있고 정도가 수용될 수 있는 불평등만을 남겨야 합니다. 이들의 시각에서는 그것이 공정하거나 정의롭다고 믿을 수 있는 불평등이며, 이것이 곧 분배의 정의를 추구하는 길입니다. 이러한 정의로운 결과를 가져올 절차와 방법이 필요합니다. 이성적이고 자유로운 개인 모두가 합의할 수 있는 그런 것이어야 합니다. 그리고 기회의 평등을 가장 적합한 공정과 형평의 원칙으로 주로 검토하고 받아들여 왔습니다.[134]

물론 세부적으로는 기회의 평등을 위한 사회적 개입의 정도를 두고 논쟁하고, 불평등한 결과를 어느 정도나 손볼 것인지를 두고 의견이 갈립니다. 특히 후자와 관련해서는, 기회의 평등이 불평등한 결과를 인정할 수 있는 이유를 제공한다면 그것으로 충분하다고 생각할 수도, 기회의 평등이란 불완전할 수밖에 없으므로 결과를 일부 손보는 것이 여전히 필요하다고 생각할 수도, 그리고 불평등의 이유가 인정되어도 불평등의 크기는 여전히 문제가 되므로 재분배가 필요하다고 생각할 수도 있습니다. 롤스는 가운데에 해당하겠죠. 기회가 공정하게 주어진다고 해도 타고난 재능이 부족한 사람에게 그 '불운'의 결과를 전적으로 책임지라고 하는 것은 정의롭지 않다고, 그 책임을 일부 덜어줄 수 있는 분배가 필요하다고 보았습니다. 그런데 왜 일부만 덜어주는 거죠? 반복되는 설명이지만, 롤스의 출발점은 자유주의이기 때문입니다. 공정한 분배 원칙은 개인의 자유 뒤에 오는 것입니다. 합리적 개인이 자신의 자유를 최대한 보장하기 위해 분배의 원칙에 합의하는 것이지, 타인의 불운에 대한 공감이나 불평등에 대한 비판적 관점에서 분배정의를 요청하는 것이 아닙니다. 앞서도 이야기한 것처럼, 자유로운 활동의 결과는 평등하게 나타나지 않습니다. 자유는 평등하게 보장되어야 하지만, 자유는 늘 불평등한 결과와 함께입니다. 그렇다면 정당화할 수 있는 불평등은 자유와 같은 것입니다. 정의로운 것입니다. 자유주의 분배정의의 원칙은 정당화할 수 없는 불평등을 구분함으로써 불평등을 정의롭게 하는 것입니다. 불평등한 결과를 자유롭게 추구하는 것을 포함하여 개인의 자유를 최대한 보장하는 것입니다.

절차적 정의 중심의 접근은 언제 어디서나 통하는 보편타당한 원칙과 절차를 추구하지만, 그것은 개인주의-자유주의의 입장에서의 이론적 작업일 뿐, 현실에서 잘 작동하기도 어렵고, 그만큼 사회정의의 진전에 기여하기도 쉽지 않습니다. 아마르티아 센은 〈정의의 아이디어〉에서 세 명의 아이들에게 플루트를 분배하는 문제를 제시하며 이 점을 이야기합니다.[135] '공정한' 분배의 원칙은 한 가지만 가능한 것이 아닙니다. 없는 자가 갖는 것도, 만든 자가 갖는 것도, 사용할 줄 아는 자가 갖는 것도 똑같이 공정하고 정의로울 수 있습니다. 그중 하나만이 정의로운 분배의 원칙이라고 주장하기 위해서는 인간에 대한 특정한 가정이 필요합니다. (그리고 센은 그런 논증의 작업에 매달려야 하는 절차적 정의 접근보다, 오늘 세상에 존재하는 수많은 부정의한 현실 중에 어떤 것이 가장 중요하거나 심각하며 그것이 어제와 비교하여 얼마나 완화되거나 해소되었는지를 따지는 접근이 더 실질적이고 필요하다고 주장합니다.)

예를 들어, 롤스의 무지의 장막이라는 사고실험은 행동심리학이나 행동경제학의 각종 게임이론이 모든 참여자가 합리적으로 자신의 이익을 계산하는 '경제적 인간'임을 가정할 수 있을 때만 정확한 설명력과 예측력을 갖는 것과 유사한 한계를 갖습니다. 앞서도 이야기한 것처럼, '죄수의 딜레마' 게임은 참여자들이 깊은 우정 관계, 부부관계, 혹은 부모 자식 관계처럼 서로의 안녕에 관심을 가진 관계, 곧 서로 의존하는 관계에 있다면 작동하지 않습니다.[136] 게임과 같이 어떤 '모델'을 만들어 보여주는 이유는 우리 삶과 행동의 양상을 압축적으로 쉽게 이해하기 위함인데, 이를 위해서는 예외적인 상황들은 무시하는 단순화가 불가피합니다. 그런데, 실제 우리의 삶에서 '내 잘못이고 저쪽 방에 있는 사람은 아무 잘못이 없어요'라고 이야기할 만한 관계에 있는 상황이 그렇게 예외적인가요? 피자를 나눌 때 어떻게든 더 먹이고 싶은 사람이 있어서 내 몫을 최소화하고 싶은 상황에 놓이는 일이 그렇게 예외적입니까? 그런 상황들이 아주 예외적인 경우가 아니라 흔히 일어나는 일이라면 그러한 모델과 이론들은 현실을 설명하는 능력이 그리 높지 않다고 할 수 있습니다. 그리고 현실은, 우리는 거의 언제나 신경 쓰고 돌보는 관계 속에 살아갑니다. 무지의 장막 안에서는 사람들이 모든 특수한 이해관계에서 벗어나 자신에 대한 위험의 기피자로서만 생각하고 행동할 것이라는 가정이 맞아야 롤스가 희망한 대로 보편적으로 타당하고 공정한 원칙을 합의하여 도출할 수 있습니다. 그렇지만 앞 장에서 보았듯이, 인간은 우리와 가장 비슷한 대형 유인원을 포함한 다른 모든 동물들과는 달리, 선의(善意)를 가지고, 베풀고, 또 그것을 선의로 이해하고 받아들이는 '협력적 추론'을 하는 유일한 종이죠.[137] 진화의 과정이 그러했기 때문에 거꾸로 협력적 추론을 하지 않는, 자신의 '모든 관계를 무시하고 자유롭게' 사고하는 일이 오히려 예외적입니다. 그러니 모든 관계로부터 벗어나 생각할 수 있다는 가정 자체가, 그리고 그런 조건에서 선택하고 합의한 원칙이라면 무지의 장막을 걷어내고 나서도 모두가 수용할 것이라는 가정 또한, 자유롭고 독립적인 개체로서의 인간이 인간의 본모습이라는 또 다른 가정에 기초해야만 도출될 수 있는 것입니다. 이 가정이 인간의 본모습을 충분히 담고 있지 못한 것이라면, 롤스의 원칙은 현실에서 제대로 작동되기 어려울 수밖에 없습니다.

이렇게 자유주의 정의론의 공정한 분배를 위한 보편타당한 원칙과 절차라는 것은 합리적 능력의 자유로운 개인이 모든 것에 우선한다는 가정이 전제될 때만 가능한 것이고 그 가정은 지금 우리에게 의심받고 있습니다. 개체적이면서 비개체적인 존재로서 인간은 언제나 개체-합리성만을 추구하지 않습니다. 자신의 이익을 생각하면서 동시에 나와 깊은 유대관계에 있는 타인의 이익을 생각합니다. 두 가지 중 어느 것이 더 강하게 작동하는지는 시시때때로 변하며, 실은 완전히 타인을 신경 쓰지 않고 오직 나만을 생각하는 것이 가능한지도 의문이 들 정도입니다. 또한 인간의 공정성 감각도 입체적입니다. 과도한 욕심도 허용할 수 없지만 무임승차도 허용할 수 없습니다. 만약 과도한 욕심쟁이 한 명과 다수의 무임승차자들이 있는 곳이라면 조건부 협력자의 마음은 누구를 어떻게 응징하려 할까요? 알기 어렵습니다. 문맥과 조건에 따라 달라질 것이라는 예상만 할 수 있겠죠. 그런데 우리는 이러한 입체적인 공정성 감각이 충족될 때 공정하고 정의롭다고 생각합니다.[138] 그렇다면 정의로운 분배는 끝없는 긴장 속에서 늘 균형점을 찾아가는 것일 수밖에 없습니다.

한편 지금까지는 기회가 평등하게 혹은 공정하게 주어진다는 전제로 불평등하게 나타날 결과를 어떻게 할 것인지를 둘러싼 자유주의 정의론의 한계를 생각해 보았지만, 사실 공정한 기회균등이라는 그 전제도 현실에서 가능하기 어렵습니다. 이와 관련해서는 미국의 법학자 조셉 피시킨의 이야기를 들어볼 필요가 있습니다.[139] 예를 들어, 자신들의 교육철학에 따라 자식을 양육하고 교육할 부모들의 자유를 제한하지 않는 한 우리는 아동기의 발달 기회부터 똑같게 만들 수 없습니다. 그런데 재능과 능력이란 환경과 상호작용 하는 것입니다. 대부분의 (타고난) 재능과 능력이란 기회를 만나 발휘되는 것뿐 아니라 기회를 통해 만들어지는 것입니다. 재능과 능력만 그런가요. 기회는 재능과 능력뿐 아니라 각자의 목표, 지향, 선호, 야망에도 영향을 미칩니다. 다시 말해 발달 기회는 한 사람을 부분적으로 결정짓습니다. 그리고 발달 기회는 그 이후에 맞이할 기회에도 영향을 미칩니다. 따라서 더 유리한 혹은 더 좋은 발달 기회를 위한 경쟁이 일어납니다. 일종의 '병목(bottleneck)' 현상이 생깁니다. 좋은 학교에 진학할 기회도 마찬가지입니다. 그것 자체가 이후에 맞이할 기회에 영향을 미치기 때문에 병목현상을 낳습니다. 돈도 많은 기회를 가능하게 합니다. 부의 확보를 위한 경쟁이 병목을 만듭니다. 사회가 가진 기회의 구조에 병목이 있다면 기회는 공정하게 분배되기 어렵습니다. 병목이 심하다면 기회의 불평등도 심각할 것입니다.

따라서 공정한 기회균등을 위해서는 이러한 기회구조의 병목을 해소하고 완화해야 합니다. 교통의 병목현상과 마찬가지로 해법은 두 방향입니다. 목적지에 이르는 경로가 다양해져야 하고, 목적지 자체가 다양해야 합니다. 사회가 가치 있게 여기는 것들과 지향하고 싶은 삶의 모습들이 다양해야 하고, 그런 것들을 추구할 수 있는 다양한 방법이 존재해야 합니다. 모두가 의사나 법조인이나 건물주의 손주나 저작권을 가진 부모를 둔 사람이 되고 싶지는 않아야 합니다. 돈이 얼마나 있는지가, 학교를 어디 졸업했는지가, 어려서 무엇을 배우고 경험할 수 있었는지가 덜 중요해야 합니다. 현실은 어떻습니까? 보통의 사람들이 살아가는 방식과는 조금 다른 선택을 한 사람들에 대한 이야기가 언제나 인기 있는 콘텐츠로 소비되는 것을 보면 우리의 생각은 다양한 삶의 모습을 그리는 듯합니다. 그러나 그것은 극심한 경쟁의 병목을 통과하고 난 뒤에야 추구될 수 있습니다. 바라는 마음이나 용기가 부족한 문제가 아닙니다. 내가 가치 있게 생각하는 삶을 추구하려면 많은 경우에 학력이나 자격증과 같은 자격이 필요하고, 이는 시험과 같은 경쟁을 통과해야 주어지며, 이를 위해서는 준비하기 위한 도구,

주로 돈이 있어야 합니다. 돈을 벌려면 일정한 자격을 갖춰야 하고 이는 일정한 발달 과정을 거쳐야 합니다. 이를 위해서는 시험과 같은 자격 경쟁을 통과해야 하고, 그러기 위해서는 준비를 위해 필요한 돈이 있어야 합니다. 돈을 잘 벌려면 좋은 자격을 갖춰야 하고 그러려면 좋은 발달 과정을 거쳐야 합니다. 그런 좋은 발달 기회를 잡으려면 시험과 같은 자격 경쟁을 통과해야 하고, 다시 그걸 위해서는…. 무한반복입니다. 어렵게 하나의 병목을 통과하면 다른 하나가 저만치 다가옵니다. 대다수에게는 끝없는 과정입니다. 한편 극심한 경쟁은 운 좋은 소수의 경쟁 승리자들 또한 애초에 꿈꿨던 삶을 추구하지 않게 만듭니다. 그들의 입장에서는 몇 번의 병목을 통과하고 나니 어느덧 손에 쥐고 있는, 그 사회의 협소한 가치체계에서 볼 때 최고의 것들을 포기하면서 처음 가졌던 삶의 모습을 꿈꿔야 할 필요도, 용기를 낼 이유도 없습니다. 결국 아무도 다양한 가치를 추구하지 못하거나 추구하지 않습니다. 이 과정과 구조에 어떤 강제도 없습니다. 형식적으로 보면 모든 것이 개인의 자유의지에 의한 선택이죠. 따라서 정의롭지 않거나 공정하지 않은 것은 없습니다. 병목현상을 일으키는 원인 중 하나인 '다양하지 못한 목적지' 문제는 해소되지 않습니다. 병목현상은 심해집니다. 병목현상이 심해질수록 병목을 통과한 자들에게 주어지는 보상은 유무형으로 점점 더 커집니다. 이들은 병목현상을 완화하기 위해 목적지에 이르는 경로를 다양하게 만들자고 주장하거나 그 주장에 힘을 보탤 이유가 없습니다. 사회의 가치와 기회의 편협한 구조는 더욱 강화됩니다.

근대 자유주의는 개인의 존재와 판단에 우선성을 부여한 만큼 다양성과 다원주의에 대한 긍정적 함의가 뚜렷해 보였습니다. 하지만 다양한 생각을 갖는 것이 가능한지만 보고, 그 다양한 생각들을 실현하고자 하는 노력과 과정 또한 가능해야만 한다는 점을 보지 않을 때 다양성과 다원주의는 앙상하거나 형식적입니다. 우리가 사는 사회와 세계에 영원히 보편타당한 고정된 정답이란 없지만, 한편으로는 '그' 시점의 문맥과 조건에서 더 타당한 답은 있습니다. 그것을 찾지 못할 때 생물 종이든 사회든 도태될 수밖에 없습니다. 다양성과 다원주의는 바로 그러한 답을 도출하도록 해주기 때문에 생물 종과 사회의 지속을 위해 중요합니다. 다양한 생각과 해법이 부딪히고 경쟁해야 합니다. 그렇지 않고 단지 다양한 생각과 해법을 떠올리고 각자 갖고 있을 수만 있는 다원주의라면, 서로에 대한 획일적인 '무관심주의'일 뿐 진정한 다원주의는 아닙니다. 다양한 생각과 해법이 부딪히려면 그러한 것들이 실질적으로 선택되고 추구될 수 있어야 합니다. 그러려면 더 많은 사회적 노력, 다시 말해 사회적 개입이 필요합니다. 더 다양한 목적지가 지금보다 매력적일 수 있도록 지원해야 하고, 하나의 목적지에 이르는 더 다양한 경로를 만들어 주어야 합니다. 그렇지 않다면 사회가 가진 가치의 폭은 협소하고 기회구조는 병목의 형태를 띠며, 결국 공정한 기회균등은 이루어지지 않습니다.

근본적으로 근대적 사유에서 인간은 입체적인 존재로 이해되지 않았고, 세상은 이원론적으로 이해되었습니다. 합리적인 판단 능력을 근거로 개인의 자유의지에 최우선성을 부여할 때,

세상은 개체의 관점에서 합리적인 것과 합리적이지 않은 것으로 나뉠 수밖에 없습니다. 세상은 다원적이거나 입체적일 수 없습니다. 합리적이지 않다면 비합리적이고, 나에게 좋지 않다면 나에게 나쁩니다. 우월하지 않다면 열등한 것이고, 부지런하지 않다면 게으른 것이며, 경쟁에서 이기지 않으면 진 것입니다. 선택의 자유를 이야기하지만, 선택의 폭은 좁습니다. 아니, 선택은 사실 실질적이지 않습니다. 협소한 가치의 체계에서 선택지는 대부분 우열이 정해져 있고, 내가 할 수 있는 선택의 한계도 정해져 있습니다. 사실상 '도전할래, 포기할래?'라 묻고, 나의 조건에서 그 답은 정해져 있는데도, '기억해, 네가 스스로 포기한 거야'라고 말해주기 위한 과정입니다. 결국 평면적 인간관과 이원론적 세계관에서 가치와 가치 실현의 경로는 다양하기 어려우며, 그만큼 공정한 기회균등의 실현은 어렵습니다.

개체적 인간을 전제하는 합리성에 의해 도출되고 합의될 수 있는 정의로운 (재)분배의 원칙과 절차는, 개체적이기만 한 것이 아닌 입체적인 인간에게는 이론적으로도 실제적으로도, 공정한 기회라는 전제에서도 자유가 가져오는 불평등의 재분배라는 결과에서도 만족스럽기 어렵습니다. 공정한 기회라는 점에서도 불평등한 결과의 정의로운 재분배라는 점에서도 만족스럽지 못합니다. 사회정의의 문제에서 드러나는 이러한 근대 인간관의 한계는 '돌봄 윤리'의 주장에서도 선명히 드러납니다.

영유아, 노인, 병약자, 장애인 등의 의존성은 현실이고, 누군가는 이들을 돌보고 있습니다. 돌봄은 돌보는 이들을 누군가 혹은 무언가에 의존하게 만들기 쉽습니다. 예를 들면 누군가를 돌보느라 소득 활동을 할 수 없으니 다른 누군가의 소득에 의존하게 되죠. 철학자 에바 페더 키테이는 이를 '파생된 의존'이라 칭했습니다.140 우리 중 누구 한 명도 삶의 일정한 기간 이상 누군가의 돌봄에 의존하는 것을 피할 수 없습니다. 인간은 돌봄 의존적 존재입니다. 따라서 언제나 전체 인구의 상당한 비율은 (의존과 파생된 의존을 합쳐) 의존의 상태에 있습니다. 근대가 가정한, 자유롭게 개체 합리적 판단에 따라 독립적으로 살아가는 평등한 개인이 전부도, 다수도 아니며, 우리는 모두 개체 합리성을 포기하고 파생된 의존의 상태에 놓이는 것을 무릅쓴 누군가에게 의존했거나, 의존하거나 다시 의존할 존재입니다. 이는 우리가 모두 언제든 누군가를 돌볼 수밖에 없다는 것을 의미합니다. 나는 누군가의 돌봄으로 존재하게 되었는데 타인의 존재를 위해 나의 돌봄이 필요할 때 그것을 외면하는 것은 옳게 받아들여지기 어렵습니다. 본질적으로 돌봄 의존적인 존재라면 인간은 상호 의존적일 수밖에 없는 존재입니다. 돌봄에 대한 윤리적 고민은 나를 넘어 사회로 확장될 수밖에 없습니다. 누군가가 필요한 돌봄을 받지 못하고 있다면, 그런데 우리가 그것을 외면한다면 그것은 정의롭지 않습니다. 누군가를 돌보는 것은 우리 모두의 존재를 위한 일이자 우리 중 누군가가 해야만 하는 일을 하는 것인데, 이를 나와는 무관한 일처럼 생각하는 것은 비윤리적입니다.

인간을 합리적 개체로 보는 시각은 '돌봄 윤리적'이기 어렵습니다. 근대가 만들어 온 사회는 돌봄 윤리적이지 않습니다. 사회가 자유롭고 평등한 개인들 간의 합의와 계약의 산물이라면, 그 합의와 계약은 의존과 파생된 의존의 상태에 있는 사람들을 배제한 것입니다. 의존과 파생된 의존의 상태에 있지 않을 수 있는 사회적 권력을 가진 사람들 사이의 평등이고, 그들 간 '기브앤테이크'의 호혜적 협력에 바탕을 둔 합의와 계약입니다. 의존과 파생된 의존 사이, 파생된 의존과 그들이 다시 의존하는 대상 사이의 관계는 호혜적 관계로 간주되지 않습니다. 따라서 다시 의존과 파생된 의존은 그러지 않을 수 있는 권력을 강화하고 정당화하는 이유가 됩니다. 그만큼 이들은 사회적으로 취약한 위치에 놓이게 되고 배제됩니다. 돌봄의 부담은 점점 더 이들에게 전가되고, 인간과 사회의 존재 양상에서 아주 큰 부분을 차지하는 의존은 주류적 시야에서 지워져 버립니다. 이들을 배제한 평등, 의존과 파생된 의존을 배제한 사회정의가 반쪽짜리 정의일 뿐인 이유입니다.

평등과 정의는 새롭게 개념화되어야 합니다. 우리가 이성을 가진, 자유로워야 하는 개체적 존재로서 같은 도덕적 가치를 지녔다는 이유만으로 평등하다면, 누구나 최소한의 수준 이상으로 자신의 자유의지를 발휘할 수 있어야 한다고 생각했습니다. 이를 위해서는 형평성 있는 기회와 자원의 분배가 필요하다고 생각했습니다. 그것이 사회의 정의라 생각되었습니다. 하지만 우리가 서로 의존하고 돌보는 관계적 존재이기도 하다면, '개인에 기초한 평등이 아니라 관계에 기초한 평등'이 이야기되어야 합니다.[141] 누구나 최소한의 수준 이상으로 의존하고 돌보고 관계할 수도 있어야 합니다. 사회가 돌봄의 요구에 대해 책임감과 의무감을 가져야 하고, 그렇게 돌봄의 측면에서도 윤리적이어야 비로소 사회가 정의롭다고 이야기할 수 있습니다. 따라서 지금까지의 사회의 구성 방식과 제도는 반쪽짜리를 넘어서 더 정의로워질 수 있고, 그래야 합니다. 경제도, 고용관계도, 노동시장도, 경찰도, 그리고 사회복지도 (지금보다 더) '돌봄 윤리적'이어야 합니다. 그래야 정의롭습니다.

이 장을 시작하면서 정의로운 사회는 사회적 연대의 이유이자 연대 그 자체라고 이야기했습니다. 인간을 독립적이고 자율적인 개체로 이해하는 시각에서 근본적으로 옳고 그름의 기준은 주관적입니다. 사회의 정의는 반쪽짜리입니다. 현실은 점점 더 불공정해집니다. 연대는 점점 더 약해집니다. 영역을 불문하고 사람들이 무언가 근본적인 전환이 필요하다고 되뇌어 왔던 이유가 있는 것이죠. 그야말로 시대가 바뀌어야 할 때가 왔다고 생각됩니다. 근대적인 생각의 방식, 그 자체가 변해야만 하는 때가 된 것입니다. 그러지 않고는 우리 사는 지금의 문제, 근대의 시작부터 함께 해왔고 점점 커져 왔으나 이제야 체감하게 된 문제들을 해결할 수가 없는 것입니다.

연대의 새로운 문법

06장

06장

근대 인간관은 극복되어야 합니다. 인간은 입체적입니다. 개체적이면서 동시에 관계적입니다. 두 가지 존재적 본질을 모두 인정해야 합니다. '보완'이 아니라 '극복'인 이유는 '자율적 존재의 관계성'으로는 부족하고, '관계적 존재의 자율성'을 이야기해야 하기 때문입니다. 근대적 인간관에서도 언제나 관계는 중요하게 여겨졌습니다. '인간은 사회적 동물'이고, 협동과 협력은 중요한 가치였죠. 다만, 궁극적으로는 자율과 독립이 우선이었습니다. 순서가 명확했습니다. 입체적 인간관에서 이러한 개체 우선성은 부정됩니다. 애초에 그럴 수도 없다고 보지만, 만약 모든 관계와 그것이 형성해 온 다양한 문맥과 삶의 서사들을 모두 삭제할 수 있다면 개인이라는 존재는 더 이상 아무 의미도 갖지 않습니다. 그리고 그 생존도 여의치 않습니다. 인간의 '자연상태'를 그린 그림에 우리는 '함께' 있습니다.

이성적 개인으로서의 사회 구성원 간 합의와 계약에 바탕을 둔 자유롭고 공정한 사회를 지향하며, 이를 위해 구성원 각자가 독립적이고 자율적일 수 있는 최소한의 조건과 상태를 정의하고 이를 집단의 힘으로 보장하고 지원하는 것이 지금까지의 제도화된 사회연대의 원리이자 문법이었습니다. 이제 연대의 제도화는 새로운 원리, 새로운 문법에 따라야 합니다. 다시 자유주의 철학자 후쿠야마의 이야기를 듣고 가죠.

자율성이 자유주의의 기본적 가치라고 해서, 여타 좋은 삶에 대한 전망들을 자동적으로 능가하는 유일한 인간적 선은 아니다. (중략) 모든 사람이 개인적 자율성을 극대화하는 것이 삶의 가장 중요한 목적이라거나 혹은 기존의 권위 형태 모두를 해체하는 것이 반드시 좋다고 생각하지는 않는다. 많은 사람은 자신을 다른 사람들과 연결하는 종교적 그리고 도덕적 틀을 받아들이거나, 물려받은 문화적 전통 속에서 살아가면서 선택의 자유가 제한되는 상황에서도 행복을 느낀다.[142]

인간이 입체적 존재이므로 행복한 상태, '별일 없이 잘 지내는' 복지의 상태에 이르기 위해서는 '독립적이고 자율적인 개인'의 모습을 구현하는 것으로는 부족합니다. 관계하고 의존하고 돌보며 함께 살아가는 모습도 구현해야 합니다. 이 두 가지는 복잡한 양상으로 얽혀 있습니다. 관계는 개인을 더 자유롭게 해주기도 하지만 자유를 제한하기도 합니다. 심지어 관계가 자유를 양껏 보장하고 지원하려 할수록 자유는 관계를 위한 선택을 하는 경우도 종종 봅니다. 마찬가지로 자유는 관계를 강화하기도 하지만 관계를 약화하기도 합니다. 어떤 자율적 선택은 관계에 감동을 주고 그 관계를 더 깊고 단단하게 만들기도 하고, 어떤 자율적 선택은 관계를 실망 또는 분노시키거나 심지어 관계를 단절시키기도 하죠. 결국 인간의 행복 또한 입체적입니다. 끊임없이 유동적일 수밖에 없습니다. 앞에서 현대 물리학까지 언급하며 이야기했듯이 관계적 본질은 입체성 혹은 모순적 동시성을 가져오는 원인입니다. 지금까지 해왔던 것처럼 관계의 측면을 외면하고 개체의 측면만을 본다면, 무엇을 지원하고 도와주면 되겠다는 답을 정하기는 쉬울지 몰라도 우리를 진짜 별일 없이 잘 지내는 복지의 상태에 이르게 하기는 어렵습니다.

관계 위에 서 있는 이성적 존재로서의 사회 구성원 간 자유롭게 상호 의존하고 협력하는 돌봄 윤리적이고 공정한 사회가 우리의 지향이 되어야 할 것입니다. 이를 위해서는 구성원 각자가 믿음과 애정의 서로 돌보는 관계에 단단히 뿌리를 박고 있어야 합니다. 각자의 삶이라는 이야기의 중심 등장인물들이 잘 구축되어 있어야 하죠. 타인 또한 그러한 맥락 속의 존재로 이해하고 존중해야 합니다. 스스로 가치 있다고 생각하는 활동과 삶을 자유롭게 선택하고, 이를 다시 자유롭게 판단하고 선택한 (계약을 포함한) 다양한 형태의 상호 의존과 협력의 방식을 통해 추구할 수 있어야 합니다. 이렇게 구성원 각자가 관계를 바탕으로 자율적으로 살아갈 수 있는 최소한의 조건과 상태를 집단의 힘으로 보장하고 지원하려는 것이 사회연대를 제도화하는 새로운 원리이자 문법이어야 합니다.

이때의 자율성은 그동안 우리가 알던 자율성과는 조금 다릅니다. 앞서 돌봄 윤리를 살펴보며 평등과 정의를 새롭게 개념화해야 할 필요를 보았던 것처럼, 자율성의 개념도 다시 구성되어야 합니다. 1장에서 이야기한 것처럼 우리는 많은 순간 관계의 조건과 맥락 속에서 무언가를 선택하고 결정하지만, 그러한 선택과 결정 또한 자율적인 것입니다.[143] 개체적인 인간관에서의 자율성이란 '자유주의적 자율성', 다시 말해 간섭과 지배 없이 합리적으로 선택하고 결정할 가능성과 능력이었습니다. 개체의 욕구와 선호에 집중하기 위해서는 관계로부터 자유로워야 한다고 보았습니다.[144] 그러나 인간이 상호의존적이고 관계적인 존재라면 개인의 욕구와 선호의 바탕이 되는 가치관과 믿음도, 자율성을 가능하게 하는 능력도 모두 사회적 관계 속에서 형성됩니다.[145] 이는 생애 말기(돌봄)의 과정에서 잘 드러납니다.[146] 자율성이란 자율적이거나 자율적이지 못한(비자율적인 혹은 타율적인) 이분법적인 개념이 아닙니다. 한 시점에서 볼 때 욕구와 선호에서 일관적이지 않고 모순적이라거나 무능력해 보이고 인지능력이 의심된다며 자율적이지 못하다고 판단해서는 안됩니다. 자율성이란 고립되고 분리된 선택과 결정으로 실행되는 것이 아니라 시간의 흐름 속에서 역동적이고 상호적으로 전개되는 '과정'으로 실행됩니다. 시간의 전개에 따라 점차 드러나는 의사결정의 과정으로 이해되어야 합니다. 자율성이란 다차원적인 역량입니다. 모호함은 간명함과 합리성만으로 설명되기 어려운 인생 역정과 도덕적 경험의 한 부분입니다. 자율성에서 합리적 능력이란 필요조건 중 하나일 뿐입니다. 관계, 감정, 육체적 경험 또한 의사결정의 본질적인 구성요소입니다. 관계는 자율성에 지대한 영향을 미칩니다.

따라서 타고난 능력으로 자율성을 이해하고 그 발휘를 위해 필요한 조건을 어떻게 보장할 것인지 고민해 온 것은 부족합니다. 어떤 사회적이고 관계적인 조건과 맥락이 자율적 역량을 충분히 갖추거나 갖추지 못하게, 그리고 충분히 발휘하거나 발휘하지 못하게 하며, 이에 따라 무엇을 지원하고 보장해야 하는지 고민해야 합니다.[147] 결국 관계적 존재의 자율성은 온전한 관계를 전제로 합니다. 이 온전한 관계는 자율성을 위한 역량을 배양하고 강화해 주는, 억압적이지 않은 것입니다. 삶이라는 이야기의 기본 뼈대를 튼튼히 형성해 주는, 그래서 주인공에게 더 적극적인 관계의 참여와 개척을 통해 풍성하고 다채로운 삶의 이야기를 만들어 갈 수 있도록 힘을 주는 각자의 삶의 이야기 속 핵심 등장인물들과의 관계입니다. 앞서 1장에서 리프킨을 인용했듯이 관계와 자유는 변증법적인 관계인 것이죠. 이를 삶의 '동반 관계'라 불러보고자 합니다.

사회 구성원 모두가 각자의 동반 관계를 형성하고 구축할 수 있고 그 바탕 위에서 자율성을 발휘할 수 있으려면 사회는 돌봄 윤리적이어야 합니다. 이는 사회 구성원 모두가 독립적이고 자율적일 수 있으려면 사회가 분배에서 정의롭고 기회에서 공정해야 한다고 생각해 왔던 것과 마찬가지입니다. 돌봄 윤리적이기 위해서는 인간이라는 존재의 관계적 본질을 이해하고 있어야 합니다. 의존과 독립을 이분법적으로 보고, 의존을 비정상으로 배제하며, 그럴 수 있는 권력이 있다면 돌봄과 파생된 의존의 부담을 회피할 수 있고 누군가에게 전가할 수 있으며 그래도 되는 것으로 이해하는 한 돌봄 윤리적인 사회는 불가능합니다. 돌봄 윤리적이지 않으면 많은 수의 사회 구성원은 의존과 파생된 의존의 상태에 있다는 이유로 억압과 착취와 배제의 관계로 내몰리게 되고 동반 관계를 형성하지 못하게 됩니다. 사회 연대의 지향은 그 기본부터 달성될 수 없습니다. 인간관의 전환이 왜 가장 근원적인지를 다시 알 수 있습니다.

인간관이 바뀐다는 것은 사람을 보는 눈과 사람들이 만들어 내는 세상을 보는 눈의 변화를 의미합니다. 생각하는 방식의 변화를 의미합니다. 이것은 그야말로 '말이 쉽지'라는 말이 절로 나올 정도로 어렵고 큰 변화입니다. 생각하는 방식이 바뀌면 모든 것들이 새로운 논리, 새로운 사고방식에 맞게 바뀌어야 합니다. 패러다임 전환이란 아마도 이런 것이겠죠. 앞서 평등과 정의, 그리고 자유(자율성)의 개념이 새롭게 이해되어야 하는 것처럼, 우리가 인간과 사회를 이해하는 데 사용해 온 여러 개념들이 다시 정립되어야 합니다. 개념들은 우리가 만들지만 다시 우리의 사고방식을 규정하고 제한하죠. 근대적인 사유에 기초를 두고 만들어진 모든 생활양식과 관습과 법과 제도와 사회체계가 변화되어야 합니다. 그만큼 무엇을 어떻게 바꿔야 하고 바뀌어야 한다고 말하기가 쉽고 분명하고 구체적이기 어렵습니다. 지금 우리의 눈에 중세적 사고와 제도와 삶의 모습이 이해되지 않듯이, 변화된 시대의 사고와 제도와 삶의 모습 또한 현재의 눈으로는 쉽게 상상되지 않습니다. 그래도 아마 다른 방법은 없을 테니 자꾸 생각하고 표현하고 시도하고 노력할 수밖에 없을 것입니다.

권리의 개념도 되돌아보아야 합니다. 두 가지 면에서 그렇습니다. 하나는 권리의 내용이 확장되어야 한다는 점에서 그렇고, 다른 하나는 권리의 주체가 확장되어야 한다는 점에서 그렇습니다. 인간 존재가 관계를 전제로만 가능하고 관계가 없이는 개체도 없다면, 그러한 관계가 가능하고 또 그것을 지속할 수 있도록 보장하기 위한 사회의 집합적 노력을 요구하는 것은 당연하고 정당한 것이어야 합니다. 사회 구성원이라면 누구나 핵심적인 유대관계, 다시 말해 동반 관계를 갖추고 유지할 수 있어야 하고, 여기에 어려움이 있다면 이를 완화하거나 타개할 수 있도록 지원받고 보장받을 수 있어야 합니다. 이는 단지 개체의 생존을 위해 필요한 것들의 지원과 보장으로 충족될 수 없다는 점에서 기존의 생존권과는 다릅니다. 한편 동반 관계는 반드시 혈연에 기반한 가족일 이유는 없습니다.[148] 가족이 없거나 가족과 결별해야만 하는 상황이나 조건도 다양하게 있습니다. 중요한 것은 어떤 경우든 서로 돌보는 동반 관계를 기반으로 할 때 별일 없는 삶, 인간다운 삶, 살만한 삶, 그리고 더 풍성한 이야기를 담는 삶이 가능하다는 점이며, 이를 위한 지원과 보장을 우리는 사회에 정당하게 요구할 수 있어야 한다는 점입니다.

더 나아가 권리의 주체에 대해서도 생각해 볼 필요가 있습니다. 지금까지 권리는 개체적 개인만을 상정한 개념이었습니다. 개인만이 권리를 가진 존재, 권리의 담지자이자 권리의 주체일 수 있었죠. 사회의 기본단위가 개체적 개인임에 의심의 여지가 없을 때는, 다시 말해 어떤 형태의 집단이나 공동체를 이루어 살든 개체적 개인의 존재적 우선성이 가정될 때는 권리의 주체로서 개인만을 상정하는 것이 당연합니다. 하지만 인간이 입체적 존재이고 개체의 우선성을 가정할 수 없다면 권리의 주체가 개인이 아닌 관계일 수도 있어야 할 것입니다. 물론 권리 주체의 확장이 실제에서 어떻게 구현될 수 있는지는 지금까지의 우리의 사고방식에서는 상상하기가 어렵습니다. 예를 들면 현재도 가족을 지원하는 정책과 제도가 없는 것은 아니죠. 이때 가족이라는 관계 자체를 권리의 주체로 보는 것은 아니며 구체적인 정책 내용은 관계를 구성하는 개인(가구주나 세대주, 보호자 등)을 대상으로 합니다. 우리가 동반 관계 자체를 권리의 주체로 본다고 하더라도 어떤 제도적 지원이 이루어지는 실제의 모습은 현재와 크게 다르지 않을 수도 있습니다. 그렇지만 (생각의 변화에서 시작된) 개념의 변화가 다시 가져올 생각의 변화는 중요합니다. 관계가 권리의 주체이자 이유라는 생각이 당연시될 때 비로소 가족을 넘어선 다양한 형태의 동반 관계가, 그리고 그러한 관계들을 형성하고 유지할 수 있도록 지원하고 보장하는 사회적 노력이 더 쉽게 상상되고 수용되고 시도될 수 있습니다. 그리고 어쩌면 이보다 더 중요한 점은, 타인의 자유 침해만이 아니라 관계에 대한 위해에 대해서도 중요하게 인식하고 조심하며 금지하는 사회를 만들 수 있다는 것입니다. 한 사람에게 위해를 가하는 행위도 용납될 수 없지만, 그 피해자가 이루고 있는 동반 관계가 입을 타격과 그것이 해당 관계에 있는 사람들의 삶에 미칠 영향도 심각하게 고려되고 다루어져야 합니다.

제도화된 연대로서의 현대 사회복지도 근대적 인간관을 가진 근대적 시민들의 자발적인 선택과 합의에 기반하여 발전한 것이죠. 독립적이고 자율적인 개인이라는 모델을 지향하며, 그만큼 개인주의적 생활양식과 행동양식을 직간접적으로 장려해 왔습니다. 점점 더 심해지고 있는 고립과 외로움의 문제에 사회복지가 무력할 수밖에 없는 이유입니다. 이제 인간을 입체적 존재로 이해한다는 것은 인간이 본질적으로 관계적 존재이기도 하다는 것을 받아들이는 것입니다. 그렇다면 5장에서 이야기한 것처럼 우리 모두가 누군가의 돌봄으로 존재하게 된 만큼 누군가가 돌봄을 받지 못하는 상황을 외면하고 방치하는 것은 비윤리적이고 정의롭지 못한 일입니다. 또한 1장에서 이야기한 것처럼 인간은 '존재론적 책임성'을 가진 존재입니다. 관계를 통해 서로가 서로의 삶(이야기)을 가능하게 해주는 사람들 사이의 공감과 협력은 선택과 합의와는 무관한 도덕적 의무 혹은 책임의 성격을 가집니다.[149] 자유주의의 개체 우선성은 개인이 선택하고 합의하지 않은, '사람이라면 마땅히 그래야 하는' 의무를 인정하지 않음으로써 정의의 문제를 모두가 합의할 수 있는 절차와 그에 의해 산출되는 결과의 문제로 만들어왔습니다. 이제 개체 우선성이 부정되면 우리는 관계적 의무라는 도덕률을 갖게 됩니다. 함께 살아가기 때문에 마땅히 행하거나 그래야만 하는 것들이 있으며, 그것은 모두가 필요한 만큼의 돌봄을 받을 수 있도록 기꺼이 그 부담을 나누어 짊어지는 것을 포함합니다. 도덕은 사회의 모든 규범과 제도를 통해 장려됩니다. 그리고 당연히 그래야 합니다. 그러기 위해서는 대부분의 것들이 '관계 인지적(relation-sensitive)'으로 변화되어야 합니다. 예를 들면 관계 인지적 교육이 되어야 하고, 관계 인지적 법과 제도가 되어야 하며, 정부의 예산도 관계 인지적인 것으로 바뀌어야 합니다. 도시 설계와 건축 디자인도 관계 인지적일 수 있고 그래야 합니다.[150] 사회복지도 예외가 아닙니다. 이제 제도화된 연대는 동반 관계와 그 안에서 배양한 (관계적) 자율성을 기반으로 사회에 참여하여 새로운 관계들(삶의 이야기들)을 함께 만듦으로써 서로가 서로의 삶을 풍성하고 살만한 삶으로 만드는 데 기여하는 사람이라는 모델을 지향하며, 그만큼 입체적인 존재로서의 생활양식과 행동양식을 장려하는 것이어야 합니다.

'근대성'에 근거한 모든 것들을 관계 인지적 시각으로 성찰해 볼 필요가 있습니다. 그것들이 특히 전기 근대에서 그리고 그 이후에도 어느 정도 가져온 진보성에도 불구하고, 인간의 입체적 본성을 균형적으로 충족시켜 주는 것이 아니라 지나치게 한쪽만을 강조한 것은 아닌지 살펴볼 필요가 있습니다. 예를 들면 분화와 합리화가 언제 어디서나 수용되어야만 하는 것인지 되돌아볼 수 있겠죠. 그것이 전문화나 분업화라는 이름으로, 그리고 많은 경우 향상된 목적-합리성이나 시장-합리성(생산 효율성)으로 정당화될 때, 그 과정에서 약화되거나 없어지는 것들, 예를 들면 사람 사이의 유대와 협력의 관계나 통합적 시각과 이해 등을 단순히 불가피하게 희생되어야 하는 것으로 보지는 않(았)는지 다시 생각해 보아야 합니다. 모든 것이 합리적인 것과 비합리적인 것으로 나누어질 수 있고 전자가 우리에게 언제나 더 좋은 것이라고 이해하는 세계관에서는 문제가 없었습니다. 하지만 인간은 관계적이기도 한, 모순적인 것이 동시에 존재할 수 있는 입체적 존재로 이해될 때 이분법적인 시각은 극복됩니다. 가치는 다양해집니다. 이제 합리화의 이름으로 희생될 수 있던 것들이 합리성만큼이나 중요한 가치일 수 있다면 분화와 합리화와 전문화에 대한 우리의 접근은 매우 조심스러워질 수밖에 없습니다. 우리가 3장에서 보았듯이 근대와 시장 자본주의는 정합적이었습니다. 그런데 근대적 사유와 근대 자체가 성찰되어야 한다면, 경쟁, 효율성, 생산주의 등의 시장 원리 자체에 대한, 그리고 그것이 경제의 영역을 넘어 사회의 어느 부문에까지 어느 정도나 기본 원리로 적용될 수 있는 것인지에 대한 재검토가 (지금보다 더 정당하고 강하게) 요구됩니다. 코텀이 간호사의 예를 들어 흥미롭게 지적하고 주장했듯이[151] '거리를 두는 것이 전문적이고 직업적이며 성숙한 관계'라는 휴먼서비스 분야의 통념도 재검토할 필요가 있습니다. 사실 인간적인 관계로 발전시키지 않고 '비즈니스 관계'를 유지하는 것이 전문적이라는 인식은 휴먼서비스 분야를 넘어 대다수 직업 세계에 퍼져 있는 듯 보입니다. 그러나 인격적 관계와 결합(이 갖는 구속성)으로부터의 해방을 지향했던 근대적 사고가 일종의 균형점을 지나 하나의 편향이 된 측면은 없는지 살펴야 합니다. 서로의 삶의 이야기 속으로 들어가지 않기 위해 애를 쓰고 선을 긋고 유지하는 '전문적인 관계'가 이용자에게 만족스럽고 제공자에게 보람 있으며 서로의 삶을 성장시키고 풍부하게 하는 휴먼서비스가 될 수 있는지 되돌아보아야 합니다.

이 글의 일관된 주장은 근대적 사고와 개체적인 인간관이 '틀렸다'는 것이 아니었습니다. 충분하지 못한 것이었고 반쪽짜리에 그쳤다고 주장한 것입니다. 따라서 근대적인 모든 것을 전복시켜야 한다는 주장이 아닙니다. 이성의 능력을 가진 인간에게 자유와 자율성은 본원적 가치라는 점을 근대는 잘 파악했습니다. 다만 그 내용이 어떤 것인지는 완전히 이해하지 못했습니다. 인간이라는 존재의 전체를 보지 못하고 일면만을 보았기 때문이었습니다. 마찬가지로 인간은 개체적 존재가 '아니라' 관계적 존재라고 주장해서는 안 됩니다. 그러한 이해 역시 반쪽짜리 해법을 제시하기 십상입니다. 인간은 입체적인 존재입니다. 이성과 감정은 분리되어 있지 않으며, 이기심과 이타심 또한 완벽히 분리되어 작동하는 별개의 동기가 아닙니다. 그야말로 "내가 마음이 하루에 열두 번도 더 바뀌어" 하시던 어른들 말씀이 진실입니다. 우리는 자유를 꿈꾸고 자유로워야 하지만 지나친 개인주의적 자율성은 보기 싫어합니다. 우리는 지나친 불평등을 차마 볼 수 없지만 (평등에 기여한다 할지라도) 무임승차 또한 그냥 보아 넘길 수 없습니다.

인간에 대한 온전한 이해에 기반하지 않는다면 지금 시대 우리가 다양하게 구상하고 준비하는 '전환적 시도'들도 성공적이기 어려울 수 있습니다. 영국의 저명한 사회정책학자 하틀리 딘은 위기에 있는 복지국가의 지속 가능성을 시민들의 이타적 관용에서 찾습니다. 납세자 및 사회보험 기여자로서의 시민들은 생애 중 납세자이기도 하지만 수혜자의 가능성도 가지기 때문에 어려움에 빠진 동료 시민에 대한 공감에 기초한 이타적 관용이 지속될 수 있을 것이라는 거죠.[152] 공감을 이야기하고 있긴 하지만 논리적 추론에 의해 다다른 공감입니다. 개체 합리적인 이성에 기초한 관용입니다. 근대적 인간관이죠. 저는 이러한 기대의 근거는 빈약하다고 봅니다. 양극화는 심해지고 있고 복지의 기여자와 수혜자 간 계층화도 지속적으로 강화되어 왔습니다. 사회 정책학계 내에서는 이를 일컫는 '복지 지위론'이라는 용어까지 만들어 사용할 정도입니다. 그런데 '나도 저들처럼 복지국가의 수혜자가 될 수 있어'라는 이성적 추론에 따른 관용에 계속 기대해도 좋은 걸까요? 아닙니다. 3장에서 살펴본 것처럼 근대와 자본주의는 자치적인 연대의 기반들을 모두 해체한 뒤 사람 사는 사회는 어떤 방식으로든 서로 돌보지 않고는 유지되지 않음을 깨달았습니다. 하지만 그들이 만든, 인격적 관계가 아닌 계약적 거래와 합의에 기초한 사회에서는 법과 제도에 의한 연대의 형태를 통하지 않을 수 없었습니다. 복지국가는 필연적 귀결이었습니다. 다시 말해 복지국가는 근대라는 이성적 기획의 한 묶음이자 주요 구성요소입니다. 그리고 이 이성적 기획이, 근대라는 한 시대가 이제 무언가 넘을 수 없는 장벽에 다다른 것이 아닌가 하는 생각을 많은 사람들이 하고 있죠. 그토록 훌륭한 이성의 힘에 어떤 부족함이 있었을까요? 없었습니다. 이성의 힘이 부족해서 생긴 일이 아닙니다. 인간이 100% 이성적일 수 있다는 오해, 혹은 감정을 포함한 다른 모든 것과 분리된 순수한 이성이라는 것이 가능하다는 오해에서 비롯된 일입니다. 인간의 본성에 대한 단선적이고 이분법적인 이해를 전제로 한 이성적 기획은 한계에 부딪힐 수밖에 없(었)습니다. 하나의 생물로서 우리는 언제까지나 우리의 본성을 속이고 혹은 이성의 힘으로 다른 모든 것들을 제어하고 살아갈 수 없습니다. 다시 이성의 힘에만 기대어 문제를 해결해 나갈 수 있기를 바라기는 어렵다는 것이죠.

'포스트생산주의' 시대의 대안적 분배 원리이자 방법으로 주목받는 기본소득의 주장에 대한 저의 기대와 우려도 이러한 생각의 연장선에 있습니다. 2장에서 우리는 20세기 전반의 생산주의가 1970년대 이후 더 이상 작동하기 어려워졌음을 살펴본 바 있습니다. 이제 전통적인 고용과 노동의 개념에서 노동의 과잉 현상은 명백하며, 그것은 앞으로 점점 더 심해질 것입니다. 사회 구성원 대다수가 임금을 통해 기본적인 욕구를 충족하는 '임금 기반 체제'를 바꾸지 않으면 우리는 끝없는 일자리 경쟁에 내몰리고, 일자리의 질은 점점 더 나빠지며, 자율성을 발휘하는 삶은커녕 그저 별일 없이 잘 지내는 삶도 가능하지 않게 됩니다. 따라서 사회 구성원의 웰빙에 필요한 자원과 양적 성장의 관계는 해체될 필요가 있습니다.[153] 기본적인 욕구 충족은 임금노동과 무관(welfare without work)해져야 합니다.[154] 생산주의 시대에는 양적 성장에 기여하는 활동인 임금노동이 가장 중요한 가치 활동이었습니다. 더 높은 임금을 보상받는 삶이 더 가치 있는 삶이라 여겨졌습니다. 포스트생산주의 시대에서 임금노동과 기본적인 욕구 충족을 위한 소득이 분리되어야 한다면 삶은 임금노동에 종속되지 않게 됩니다. 임금노동에 할애하는 시간도, 그것에 부여하는 가치도 줄어들게 됩니다. 가치는 분화되고 다원화되며 사람들은 늘어난 재량시간을 스스로 가치 있다고 여기는 다양한 활동들에 자율적으로 사용할 수 있게 됩니다. 임금노동 기반 사회에서 다양한 활동 기반 사회로의 전환이며[155] 기본소득과 같은 접근이 타당한 이유입니다. 하지만 만약 가치가 충분히 분화되고 다원화되어 있지 못하다면 늘어난 재량 시간은 추가 소득을 위한 활동에 사용되거나 사적인 유희에 사용될 가능성이 높습니다. 임금과 기본적인 삶의 영위를 분리해 주는 기본소득과 같은 제도가 다양한 가치를 추구하는 자발적인 활동의 필요조건은 되지만 충분조건은 되지 못할 것이라는 우려는 일리가 있습니다.[156] 부의 크기가 최상위를 차지하고 있는 현재의 가치체계를 변화시키고 다원화시키는 일은 정책과 제도를 통해 지지받고 지원될 필요가 있습니다. 특히 사회와 지구의 지속가능성을 위해 사람 사이의 그리고 사람을 포함해 지구 생태계를 구성하는 모든 것들 사이의 더 다양한 돌봄의 활동과 노동이 더 많이 요구되는 시대라면[157] 이러한 활동이 확대된 재량 시간을 갖게 된 개인의 성숙한 이성에 의한 개체 합리적인 판단으로 선택되기를 기대하고 기다리는 것보다는, 참여소득과 같은 조건 부과의 제도나 정책에 의해 장려될 필요가 있습니다.[158] 그것은 우리로 하여금 더 빨리 인간의 본질적 관계성, 상호 의존성을 깨닫게 하고 입체적 인간관을 갖도록 하는 일이기도 합니다. 다시 말해 기본소득의 주장은 생산주의 관점을 극복했다는 점에서 타당하고 기대를 주지만, 개체적 자유와 자율성의 개념에 머물러 있다는 점에서 우려를 갖게 합니다. 여전히 근대적 인간관에 기초하고 있습니다. 따라서, 예를 들면 기본소득을 통해 각 개인들이 기아의 위협에서 해방되어 진정한 자유를 누리게 되면 고립과 외로움의 문제는 저절로 해결되는 것인지 알 수 없습니다. 무임승차를 용납하지 않는 인간의 본성적인 공정성 감각을 이성적인 논리로 영원히 침묵시킬 수 있을지 걱정입니다. 입체적 인간관에 기초한 관계 인지적 기본소득의 주장을 기다리게 되는 이유입니다.

앞서 이야기한 것처럼 제도화된 연대로서 사회복지는 이제 관계 인지적이어야 합니다. 사회 구성원의 별일 없이 잘 지내는 삶은 각자의 삶의 서사가 크게 휘청이거나 위축되지 않아야 가능함을 생각할 수 있어야 합니다. 그 각자의 삶의 서사는 개별적이고 독립적으로 존재하고 가능한 것이 아니라 등장인물들 사이에 서로 얽히고설킨 것임을 이해해야 합니다. 기본적인 삶의 이야기를 만들어 갈 수 있는 동반 관계를 구축하고, 그 동반 관계 속에서 관계적 자율성을 배양하며, 이를 바탕으로 새로운 사람들과 새로운 관계들(삶의 이야기들)을 함께 만듦으로써 서로의 삶을 풍성하게 하고 살만하게 만들며 살아가는 삶이 사회복지가 보장하고 지원해야 할 별일 없이 잘 지내는 삶이라는 것을 이해해야만 합니다. 따라서 관계 인지적인 사회복지는 다양한 복지급여와 복지서비스가 동반 관계를 형성하고 유지하는 것에 도움이 되고 있는지, 그리고 새로운 관계를 통해 서로의 삶을 다채롭게 하는 삶, 서로 돌보는 사회참여의 삶을 만들어가는 데 도움이 되고 있는지 끊임없이 되묻고 돌아보고 점검해야 합니다. 그러한 방향으로 급여와 서비스가 설계되고 재설계되어야 합니다. 우리가 익히 알고 있다시

피 모든 제도와 정책은 좋게 이야기하면 장려와 권장 효과, 나쁘게 이야기하면 차별적 보상 효과를 가집니다. 관계를 지원하면 관계가 장려됩니다.

모든 사람이, 그리고 우리 생애의 모든 순간이 혈연에 기반한 가족과 함께 하는 것도 아니고, 혈연 가족이 모두에게 동반 관계인 것도 아니므로, 모두의 살만한 삶을 지향하는 관계 인지적 사회복지는 다양한 형태의 동반 관계를 지원하고 장려할 수 있어야 합니다. 관계 인지적인 법과 제도는 이를 뒷받침해야 합니다.[159] 예를 들면 70대 세 명의 친구가 동반 관계를 이루고 살겠다고 시스템에 등록할 수 있어야 하고 이를 인정받을 수 있어야 하며 다양한 사회복지의 지원을 받을 수 있어야 합니다. 혈연과 무관한 20대와 30대와 60대가 동반 관계로 함께 살겠다고 결심하는 일이 쉬워져야 합니다. 이들은 서로의 삶의 뼈대가 되어주는 관계가 되어 높은 수준에서 서로를 돌보고 서로의 삶을 살만한 것으로 만들며 살아가겠다고 마음먹는 것입니다. 그 안에서 정말 많은 의존과 돌봄이 일어나며 이는 적지 않은, 사실은 어마어마한 사회적 기여입니다. 그 자체를 높이 평가하고 적극적으로 지원해야 합니다. 이러한 동반 관계는 그들 간 관계의 역사에 기초한 자발적인 결정인 만큼 때로 전통적인 가족 관계 안에서 일어날 수 있는 권력 불균형과 그에 따른 가족 내 분배 불평등이나 착취, 억압, 학대, 방임 등의 문제 가능성도 더 낮을 수 있습니다. 이때 제도적 연대의 지원은 동반 관계의 구성원 개인(들)이 아니라 해당 관계 자체를 대상으로 할 필요가 있습니다. 관계가 권리의 주체가 되는 것이죠. 예를 들면 '집과 밥'에 대한 현물지원을 생각해 볼 수 있습니다. 생명과 안전의 기본은 집인 만큼 그 기본이 갖춰지면 많은 다른 문제들에 긍정적인 영향을 미칩니다.[160] 지금도 신혼부부나 다둥이 가구를 대상으로 하는 주택 지원 정책이 있으니 아주 낯설지 않습니다. 먹어야 함은 의문의 여지없이 모든 사람들에게 공통적이므로 손쉽게 함께 할 수 있고 그렇게 관계와 사회화의 매개가 됩니다.[161] 기본 식재료에 대한 걱정 없이 함께 밥을 만들고 먹을 수 있다면 이는 동반 관계의 유지와 성숙의 든든한 토대가 될 것입니다.

관계 인지적 사회복지라 하니 가뜩이나 자원도 부족한데 관계까지 챙기라는 이야기냐 할 것 같습니다. 뭐 대충 맞습니다. 그러자는 이야기입니다. 그렇지만 지역사회의 자원을 강조하는 제도와 서비스를 통해 이미 일부 경험하고 또 생각해 보게 된 것처럼, 장기적으로는 오히려 비용이 덜 들어가는 것일 수 있습니다. 당연한 일입니다. 사회 구성원들이 탄탄한 유대관계를 바탕으로 별일 없이 잘 지내면 그렇지 못할 때 생겨날 수 있는 사회적 비용들을 아낄 수 있습니다. 우리가 잘 알다시피, 아니면 잠깐만 생각해 보면 알 수 있다시피 서로 돌보는 관계는 엄청나게 많은 양의 유무형의 '복지'를 생산하고 제공하고 있습니다. 물론 초기에는 비용이 더 들어가는 것일 수도 있습니다. 하지만 우리 사회복지는 어디를 향해 가고 있습니까? 때때로 사회 구성원 모두가 1인 가구로 살아갈 미래를 가정하거나 받아들이고 있는 것처럼 느껴집니다. 흐름을 바꿀 생각은 하지 않고 흐름을 뒤따라가며 뒷받침해 주려는 듯합니다. 그때 모든 개인의 소득과 돌봄을 보장할 수 있을까요? 그것은 한정된 자원에서 가능한 시나리오입니까? 사회복지는 어떤 이상적인 모습의 사회를 만들기 위한 방법이면서 동시에 실현된 이상사회의 모습이기도 해야 합니다. 그것은 당연히 지속가능한 것이어야 합니다. 이 점에서 현재의 사회복지는 이상사회의 모습도, 지속가능한 방법도 아닙니다. 한편 관계 인지적인 사회는 입체적 존재인 인간이 자신의 존재적 본성을 억압하거나 외면함 없이 실현 해가는 사회입니다. 계속 강조하였듯이 인간에게는 관계만이 아니라 자유와 자율성 또한 핵심적 가치입니다. 재개념화가 필요하지만 아무튼 후자에 대한 지원과 보장도 계속되어야 합니다. 그렇지만 만약 구성원 모두가 동반 관계 위에 서 있음을 가정할 수 있다면 개개인에 대한 소득과 돌봄의 지원 필요량은 지금과 같은 형태의 사회복지에서보다 적을 수 있습니다.

아마도 더 중요한 지적은 관계 인지적인 사회복지가 혹시 사회의 책임이자 공공이 할 일을 사적 관계로 다시 떠넘기려는 주장이 아닌가 하는 것일 겁니다. 주의 깊게 들어야 할 지적이죠. 가족과 같은 나의 핵심적인 유대관계가 '내가 원치 않는 책임과 부담을 지우고 내가 원치 않는 역할을 강요하는' 이유가 된다면 그것은 억압이자 착취이자 불평등의 원인입니다. 우리가 근대를 반기고 환영했던 이유죠. 우리는 전근대의 가족, 친족, 지역공동체 등의 억압으로부터 해방되기를 간절히 원했습니다. 하지만 우리가 모든 관계로부터 자유로워져야 하는 것도 아니고 그것을 원했던 것도 아닙니다. 이 점에서 근대라는 '진보'는 선을 넘었죠. 마치 진자운동을 하는 시계추가 균형점을 지나친 것과 같습니다. (극단적이고 예외적인 인간 유형이 간혹 뉴스에 나오긴 하지만 그런 경우를 제외하면) 우리는 언제나 동반자 관계 속 타인들을 신경 쓰고 돌봅니다. 그 정도는 개인에 따라 그리고 상황과 조건에 따라 다를 수 있지만, 관계가 본성적인 것처럼 그러한 신경 씀과 돌봄 자체는 본성적인 것입니다. 신경 쓰고 돌보는 것이 곧 관계하는 것이니 별개인 것처럼 이야기하는 것이 오히려 이상하죠. 존재의 본성이 관계이고 돌봄이라면 그것을 제한하는 것은 존재적 본성을 억압하는 것입니다. 별일 없이 잘 지내는 삶을 불가능하게 하는 일입니다. 우리는 관계 내에서 일어나는 돌봄을 모두 끄집어내어 사회화하고 공공이 책임지도록 할 수 없고, 그러려고 해서도 안 됩니다. 결국 우리가 해야 하는 일은 관계 맺고 서로 돌보는 본성적 욕구를 실현할 수 있도록, 동시에 그것이 본성적 욕구의 수준을 넘은 강요와 부담과 억압과 착취가 되지 않도록 지원하고 보호하고 보장하는 일입니다. 이는 사회와 공공의 책임을 사적 관계에 떠넘기는 것이 아니라, 구성원들의 관계가 충만하되 억압적이지 않을 수 있도록 (개인이 아니라 관계를!) 지원하면서 책임지는 것입니다. 무조건 끝까지 '사회화'하는 것이 진보적이고 좋은 것이라는 관점은 근대적인 개인주의-자유주의적 인간관과 이분법적인 세계관에 기초한 접근입니다. 관계 인지적인 사회복지는 이러한 관점의 변화를 이야기하는 것이지, 공공의 책임을 회피하고 가족이나 친족 등 공동체가 책임지는 것으로 돌아가자는 주장이 전혀 아닙니다.

끝으로 한 가지 생각만 더하며 마무리하겠습니다. 이 글에서 저는 돌본다는 개념을 아주 넓게 사용해 왔습니다. 1장에서 관계한다는 것이 곧 서로 돌보는 것이라고 했죠. 개체적이면서 동시에 관계적인 인간은 결국 서로 돌보는 존재입니다. 이러한 이해는 사회복지의 관점을 넓히는 데 기여할 수 있다는 점에서도 중요한 의미를 가집니다. 사회복지는 스스로 성찰을 통해 대상자(클라이언트, Client)에서 이용자(User)로 그 관점을 전환하며 성숙하고 발전해 왔지만, 그 대상자 또는 이용자 또한 타인을 돌본다(타인의 삶의 서사를 가능하게 해 준다)는 시각은 결여되었거나 부족했습니다. 우리가 삶의 경험으로 알고 있듯이 갓난 아기도, 더 이상 침대를 벗어나지 못하는 어르신도, 심한 장애를 가진 사람도 자신을 돌보는 이에게 언제나 부담이고 짐이기만 한 것은 전혀 아닙니다. 다양한 좋은 감정을 경험하게도 해주고 평생을 기억할 '충만'의 경험을 주기도 합니다. 돌보는 사람의 삶의 서사에 기여하는 것이죠. 어떤 경우에는 주변부 등장인물로, 또 다른 경우에는 주요 등장인물로 말입니다. 서로 돌보는 노동과 부담의 정도가 다른 것은 명확하지만, 아무튼 서로 돌보고 상호 의존하고 있다고 말할 수 있습니다. 이렇게 되면 근대적 시각에서의 의존인은 더 이상 의존만 하는 사람이 아닙니다. 자신의 역할과 기여가 있는 사람입니다. 하지만, 역시 1장에서 이야기한 것처럼 '둘만 등장하는 이야기'로는 삶은 점점 앙상해지고 위태로워집니다. 양쪽 모두에 더 다양한 삶의 관계와 서사가 일어날 수 있도록 지원이 필요합니다. 예를 들면 현재도 '활동 지원'이나 '돌봄 부담 경감'

으로 표현되는 지원 제도가 있습니다. 이러한 지원을 이제 조금 다른 방식으로 해석할 수 있습니다. 입체적 인간관의 확장된 돌봄 개념에서 이야기하자면 양쪽 모두에게 그 둘만의 관계라는 앙상한 소재를 벗어나 다른 관계를 통해 자신의 삶을 풍성하게 만들고 타인의 삶 또한 풍성하게 만드는 데 기여할 수 있도록, 그래서 다른 사회 구성원들의 삶을 살만한 것으로 만드는 '돌봄'이라는 가치 있는 활동에 다양하게 (사회) 참여할 수 있도록 하는 제도적 지원의 의미로 해석될 수 있습니다. 이는 사회복지가 자력화(empowerment, 역량 강화)의 개념과 만나는 지평을 넓혀줄 수 있을 것으로 기대됩니다. 제도적 사회연대의 정당성 근거를 넓혀줄 것으로 기대합니다.

주석 찾아보기

1 리프킨 저, 이경남 역, 2010, 공감의 시대, [Jeremy Rifkin, 2009, The Empathic Civilization: The Race to Global Consciousness in a World in Crisis], 서울: 민음사, 185쪽, 189쪽.

2 뮬홀 · 스위프트 저, 김해성 · 조영달 역, 2001, 자유주의와 공동체주의, [Stephen Mulhall & Adam Swift, 1992, Liberals and Communitarians], 서울: 한울, 109–145쪽.

3 트론토 저, 김희강 · 나상원 역, 2014, 돌봄 민주주의: 시장, 평등, 정의, [Joan, C. Tronto, 2013, Caring Democracy: Markets, Equality, and Justice], 서울: 아포리아.

4 배럿 저, 변지영 역, 2021, 이토록 뜻밖의 뇌과학, [Lisa Feldman Barrett, 2020, Seven and a Half Lessons About the Brain], 서울: 길벗, 특히 1강과 5강.

5 예로, 앞서 트론토의 글; 키테이 저, 김희강 · 나상원 역, 2016, 돌봄: 사랑의 노동 – 여성, 평등, 그리고 의존에 관한 에세이, [Eva Feder Kittay, 1999, Love's Labor: Essays on women, equality, and dependency], 서울: 박영사; 헬드 저, 김희강 · 나상원 역, 2017, 돌봄: 돌봄윤리 – 개인적, 정치적, 지구적, [Virginia Held, 2006, The Ethics of Care: Personal, Political, and Global], 서울: 박영사; 석재은, 2018, "돌봄정의(Caring Justice) 개념구성과 한국 장기요양정책의 평가", 한국사회정책 25(2): 57–91.

6 토마스 홉스가 가정했던 이론적 차원에서의 '자연상태'는 '태초'를 의미하는 것이 아니지만, 아마도 단순함이 직관적 이해에 도움이 되곤 하기에 이런 표현을 써왔던 듯하다. 이들 자유로운 인간들은 비슷한 욕망과 유한한 자원을 두고 공격적으로 경쟁했고, 삶은 비열하고, 잔인하며 짧았다고 가정된다(A. Belden Fields, 2003, Rethinking Human Rights for the New Millennium, New York: Palgrave Macmillan, 11쪽). 하지만 과학이 이야기하는 바는 그와는 달라서, '태초에 다정한 인간이 있었'다(헤어 · 우즈 저, 이민아 역, 2021, 다정한 것이 살아남는다, [Brian Hare & Vanessa Woods, 2020,

Survival of the Friendliest], 경기 파주: 디플롯).

7 후쿠야마 저, 이상원 역, 2023, 자유주의와 그 불만, [Francis Fukuyama, 2022, Liberalism and Its Discontents], 경기 파주: 아르테, 제1장.

8 코텀 저, 박경현 · 이태인 역, 2020, 래디컬 헬프, [Hilary Cottam, 2018, Radical Help], 서울: 착한책가게, 61–62쪽.

9 바우어 저, 장윤경 역, 2022, 공감하는 유전자, [Joachim Bauer, 2021, Das emphatische Gen], 서울: 매경출판, 특히 32–54쪽.

10 사회복지학자 최명민의 표현을 빌리자면, "원자화된 개체론에 입각한 관계론"이라 할 수 있다. 최명민, 2022, 관계중심 사회복지실천 관점 모색: 개인과 사회의 통합적 사유를 중심으로, 한국사회복지학 74(2): 239–263 중 242쪽.

11 바우만 저, 정일준 역, 2013, 현대성과 홀로코스트, [Zygmunt Bauman, 1989, Modernity and the Holocaust], 서울: 새물결, 302쪽.

12 위 바우만의 글, 304–305쪽.

13 17세기 이후 자유주의의 발전이 법치주의의 발전을 가져온 것은 자연스럽다. 토마스 홉스 이후의 계약론적 관점에서 법이란 내가 합의한 자유 제약의 범위를 명확히 하는 것이고, 그것은 달리 말하면 국가라는 권력의 한계를 명확히 하는 것이면서 동시에 국가에 의해 보장받아야 할, '무엇무엇할 자유'라 표현되기도 하는 나의 권리들을 명확히 하는 것이기 때문이다(위의 후쿠야마의 글, 제1장). 우리가 '시민권'하면 대표적으로 떠올리는 영국의 사회학자 토마스 험프리 마셜(T. H. Marshall)도 시민권의 세 가지 요소–공민적, 정치적, 사회적–중 17–8세기에 가장 먼저 형성되고 확립된 공민권은 개인적 자유를 위해 필요한 권리들로 구성되며 이와 가장 직접적으로 관련이 있는 기관은 법원임을 지적한다(마셜 · 보토모어 저, 조성은 역, 2014, 시민권, [T. H. Marshall & Tom Bottomore, 1950 & 1992, Citizenship and Social Class], 서울: 나눔의집).

14 드 발 저, 최재천 · 안재하 역, 2017, 공감의 시대, [Frans de Waal, 2009, The Age of Empathy: Nature's Lessons for a Kinder Society], 경기 파주: 김영사.

15 위 리프킨의 글, 89–91쪽.

16 Els van Sijngaarden, Anne Goossensen & Carlo Leget, 2018, The so–

cial-political challenges behind the wish to die in older people who consider their lives to be completed and no longer worth living, Journal of European Social Policy 28(4): 419–429.

17 위 코텀의 글.

18 William H. Beveridge, 2015[1948], Voluntary Action: A Report on Methods of Social Advance, London: Routledge, p.149.

19 Philippe van Parijs, 2001, "A basic income for all", in Joshua Cohen & Joel Rogers (eds), What's wrong with a free lunch, Beacon Press, pp. 3–26.

20 김보영, 2021, 코로나19의 시대, 사회서비스의 정책적 과제와 비전에 대한 탐색, 비판사회정책 70: 43–71.

21 노대명, 2020, 재난기본소득 논의를 통해 본 한국 소득보장제도의 문제점과 향후 과제, 보건복지포럼(2020.3.): 64–84; 윤홍식, 2020, 코로나19 팬데믹과 복지국가의 정치경제학: 위기 이후 복지국가의 길'들', 비판사회정책 68: 113–142.

22 안수란, 2020, 코로나19와 지역사회서비스의 대응, 복지이슈 Today 88(2020.7.): 6.

23 정익중, 2020, 코로나19로 인한 아동돌봄 문제에 대한 해외 대응과 그 시사점, 국제사회보장리뷰 13: 47–59; 석재은, 2020, 코로나19 국면에서 재조명된 장기요양 돌봄노동자의 취약성과 사회적 과제, 한국사회복지학 72(4): 125–149.

24 많은 사람들이 지적해왔듯이, 사실 우리 사회에서 사회보장을 획기적으로 확대하는 일 또한 '일종의 전환'을 전제하는 쉽지 않은 일이다. 왜냐하면 세계에서 자영업자 비율이 가장 높은 나라 중 하나이면서도 여전히 영세 상공업 경기보다 무역수지와 수출 대기업의 성패를 더 중요하게 여기는 사회, 근로소득자의 약 40%는 실질적으로 소득세를 한 푼도 납부하지 않는 한편 소득 상위 10%가 소득세의 약 80%를 부담하는 사회(경향신문, 2019.8.21. "소득세, 소득 상위 10%가 79% 부담하는데 근로소득자 10명 중 4명은 한 푼도 안 냈다", 〈19면〉)에서는, 그 경제체제가 의존하고 있는 핵심영역에서 일하고 핵심적으로 보상받는 소수로부터 사회 일부에게로의 불충분한 재분배만 가능할 뿐이기 때문이다. 결국 같은 의미이지만, 관대하고 보편적인 사

회보장은 "다수로부터 다수에게로" 재분배가 활발히 일어날 수 있을 때 가능한데, 이는 지난 60여 년 동안의 우리 경제성장 모델이던 '재벌주도 수출중심 성장체제' 혹은 '국가-재벌 동맹자본주의'를 극복해야만 일어날 수 있는 일이기 때문이다(김덕영, 2014, 환원근대: 한국 근대화와 근대성의 사회학적 보편사를 위하여, 서울: 도서출판 길; 윤홍식 · 정준호 · 김유선 · 신진욱 · 김영순 · 이영수 · 이충권 · 김도균, 2020, 우리는 복지국가로 간다: 정치 · 경제 · 복지를 통해 본 한국사회 핵심 쟁점, 서울: 사회평론아카데미).

이러한 극복이 정말 어려운 문제임을 우리는 지난 문재인 정부를 통해 다시 한 번 확인한 바 있다. 문재인 정부는 두 가지 변화, 즉 수출주도 성장체제에서 소득주도-내수중심의 포용성장(포용적 경제) 체제로의 변화와 사회적 배제 및 소득불평등을 줄이고 보편적 사회보장을 강화하는 포용복지로의 변화를 병행 추진하여, 이 둘이 서로를 가능하게 함으로써 이루어지는 포용국가의 비전을 제시하였지만(이정우, 2016, 성장지상주의를 넘어 포용의 경제로, 황해문화 93: 8-26; 성경륭, 2017, 혁신적 포용국가의 건설과 한국형 사회적 시장경제 모델의 정립, 한국사회복지정책학회 2017 춘계학술대회 자료집, pp. 315-336; 윤홍식, 2017, '포용적 복지국가'에 대한 단상, 한국사회복지학 69(4): 5-7; 윤홍식, 2018, 소득주도성장과 한국 복지체제의 유산: 분배와 성장의 선순환을 만들 수 있을까, 한국사회정책 25(2): 243-280), 이는 실현되지 않았다. 당연히 가장 중요한 원인-여기서는 정말 '원인들 중 하나'라고 이야기하고 싶지 않다-은 정권이 재벌과의 동맹을 내려놓지 못하니, 재벌에 의존하는 수출중심 경제에서 일반 국민 모두의 소득과 구매력에 의존하는 내수중심 경제로의 변화는 일어나지 않기 때문이다. 예를 들면, 2018년 7월, 박근혜 정부의 국정농단에서 비롯된 소위 '촛불혁명'으로 탄생한 문재인 정부는 출범 1년여 만에 당시 문재인 대통령이 인도 현지 삼성 휴대폰 공장에서 국정농단에 연루되어 재판 중이던 삼성 이재용 부회장과 반갑게 만나 국내 일자리 창출 등을 당부하는 장면을 '연출'한다(대통령 참석 행사에서 이런 중요한 장면은 사전 계획 수준이 아니라 치밀하게 기획된다). 사실 정부가 바뀔 때마다 익숙하게 되풀이되는 장면이지만, 우리 경제의 체제개편을 명시적으로 내걸었던 정부였기에 그 '빠른 포기'가 새삼스러운 측면이 있었다.

하지만, 이것은 집권세력만의, 그리고 재벌과 재벌중심 성장체제의 기득권 집단만의 문제는 아니다. 우리는 보통 중세에서 근대로의 변화를 추동하는 근본적 힘이자 두 시대를 질적으로 다른 시대로 구분해 주는 근대의 본질적 특성을 '분화'와 '개인화'로 이야기한다. 그런데 사회학자 김덕영에 따르면(김덕영, 2019, 에리식톤 콤플렉스: 한국 자본주의의 정신, 서울: 도서출판 길; 위 김덕영, 2014의 글), 우리의 근대화 과정은 '분화'와 '개인화'라는 근대의 두 토대가 억압되고, 근대화의 모든 대상과 영역이 '경제적 근대화'로, 다시 경제적 근대화는 '경제성장'으로 환원된 근대화로 이해할 수 있다. 박정희에서 시작된 '환원근대'는 경제가 근대화되면 경제 외적 영역도 근대화된다고 주장한다. 경제성장에 기반한 인간다운 삶이 아니라 경제성장 자체가 목적과 가치로 전도되며, 다른 모든 것은 경제성장의 수단과 객체로 전락하거나 혹은 걸림돌로 간주되어 억압된다. 따라서 계약의 논리, 노동조합, 민주주의 등 근대의 핵심 요소들은 억압된다. 교육은, '주관적이고 자율적으로 사유하고 인식하는' 근대적 인간의 양성보다는, 환원적 근대화에 노동력을 공급하는 도구적 역할을 요구받는다. 다양한 사회집단 중 하나로 그 사회적 의미와 기능이 상대화되고 축소되어야 할 가족은 그러지 못하고 오히려 국가를 대신해 환원적 근대화의 과정에서 발생하는 온갖 문제를 떠맡게 된다. 근대화의 주체 또한 국가와 재벌로 환원되었는데, 이들은 정치적 동기로 결탁하였고(국가-재벌 동맹자본주의), 이는 시장에 대한 경제 외적 논리(정치적 논리)의 개입을 의미하여 경제 체계와 시장의 작동을 왜곡해 1997년 외환위기와 같은 위기를 초래하며, 합리적인 근대적 자본주의의 발전을 저해한다. 또한 국가와 재벌 이외의 모든 분야와 영역을 그들의 주변부로 만들고 경제성장을 위한 도구로 격하한다. 예를 들면, 법의 영역에도 정치논리와 경제논리가 침투(하여 예를 들면 법의 판단에 '국가경제에 대한 그간의 기여'가 참작되곤)한다. '환원근대'는 이후 정부들을 거치며 화폐화(경제성장이 화폐가치로 단순화)되었다. 집단적으로는 경제발전의 목적이 '빈곤에서 벗어나기'에서 '더 높은 1인당 국민소득(N만 달러)'으로 바뀌면서 '환원근대'와 국가-재벌 동맹자본주의는 영속화되었고, 개인적으로는 화폐적 가치(물질적 부)를 더 많이 갖는 것과 그에 기여하는지 여부가 모든 가치판단의 기준이 되었다. 살기 좋은 집이라는 질적 가치보다 비싸게 팔리는 좋은 집이라는 화폐가치가 우선되고, 의미있는 일보다는 돈을 잘 버는 일이 좋은 일이 되었다. 이렇게 '환원근대적' 경제주의 또는 성장지상주의는 우리 스스로의 사고와 가치관을 지배하게 되었다. 이렇게 보면 한국 사회는 여전히 '환원근대'의 사회이며 이 차원에서는 박정희 이후 한 번도 크게 달라진 적이 없다. 오히려 '환원근대'의 세계관은 내면화되고 확대재생산 되어왔다. 우리 스스로 대형주의, 일등주의에 빠져, 기업가는 미워할지언정 대기업은 자랑스러워하고, 국민소득과 경제성장률로 수치화된 성장을 신뢰하고 바란다. 이에 부응하여 집권세력의 성격과 무관하게 정부는 '녹색'이든 '혁신'이든 성장해야 한다. 여전히 그 기본 틀은 국가-재벌 동맹자본주의이다.

지속성을 갖게 된 '환원근대'의 과정에서 주목해야 하는 점은 우리 스스로가 그러한 'N만 달러 성장지상주의'와 화폐가치 중심의 가치관을 내면화했다는 것이다. 따라서 우리 경제의 체제 변화는 우리 스스로의 생각의 변화와 현실적인 인내가 전제되지 않고는 수행되기 어렵다. 대략 짐작해봐도 내수시장 중심의 경제구조를 갖추기 위한 노동시간 단축과 임금(소득) 상승은 그에 부응할 수 있는 기업과 산업의 성장과 동시에 그렇지 못한 기업과 산업의 도태를 의미할 수밖에 없으며, 그 변화 과정은 (관대한 사회복지가 뒷받침해야 하는) 고실업과 저성장, 혹은 마이너스 성장의 고통스러운 시간이 될 수밖에 없다. 금융과 정책의 지원을 집중적으로 받아오던 대기업들과 그러한 체제의 과실을 나누던 일부 관료집단, 언론집단, 전문가 집단은 한목소리로 비판에 나설 것이며, 우리가 일상에서 느끼는 불경기의 어려움은 공포감 수준으로 상승되기 십상이겠다. 만약 이러한 상황이 수년 지속되어도 우리 경제의 구조적 개혁을 추진하는 정치세력을 우리 중 다수가 꿋꿋이 지지해줄 수 있을까. 물론 언제나 국민을 믿지 못하고 정치세력이 먼저 나가떨어지곤 했지만, 우리 모두가 공범이 되어 재벌이 주도하는 수출중심 성장체제를 지켜내고 있는 측면 또한 엄연하다.

성장지상주의는 끊임없이 불평등을 확대하고 양극화를 촉진하므로 관대하고 보편적인 사회보장의 필요는 점차 더 엄중해진다. 코로나 팬데믹은 그러한 사회보장 체계를 갖추지 못한 사회가 재난과 같은 외부적 충격이 있을 때 얼마나 '불평등한' 재난적 결과를 맞이해야 하는지 집약적으로 보여주었다. 그리하여 우리 경제의 체제 개편을 전제로 한 포용국가와 포용복지의 비전이 좌절되는—물론 그나마 그런 비전을 제시했었기 때문에 국민취업지원제도와 상병수당 등의 중요한 진전을 이룰 수 있었지만—것을 보면서도, 즉 우리 사회보장을 질적으로 다른 수준으로 끌어올리는 것이 얼마나 어려운 일인지 다시 절감하면서도 우리 사회복지가 시급히 확대되어야 한다는 주장을 다시 힘주어 할 수밖에 없었다. 즉, 우리 스스로 획기적인 진전을 기대하기는 어려움을 알고 하는 조금은 공허한 경험을 되풀이할 수밖에 없었다.

25 변진경, 2021, 가난을 혐오하는 시대, 가난의 '곁에 있다는 것', 시사IN 711호(2021.5.4.) 20-27쪽.

26 남찬섭, 2020, '공정'이 화두인 시대에 생각해보는 질문, 어떤 공정인가? 월간 복지동향 264: 61-65.

27 실바 저, 문현아 · 박준규 역, 2020, 커밍 업 쇼트: 불확실한 시대 성인이 되지 못하는 청년들 이야기, [Jennifer M. Silva, 2013, Coming Up Short], 서울: 리시올.

28 최명민, 2020, 사회복지실천관계의 본질과 의미, 2020 한국사회복지학회 공동학술대회 기획주제3 발표
(영상: https://www.youtube.com/watch?v=6Qyfr2LJBmw) 참고.

29 UK government, 2018, A connected society: a strategy for tackling loneliness; 신인철, 최지원, 2019, 외로움은 개인만의 문제 아닌 사회적 질병, 사회적 관계 고려 공동체 지원 다각화 필요, 이슈페이퍼 2019-OR-11, 서울연구원.

30 예로, 박찬웅 · 김노을 · 유부원 · 윤민지, 2020, 한국 사회의 사회적 고립과 사회인구학적 특성, 한국사회 21(2): 41-73; Jolanthe Louise de Koning, Afroditi Stathi & Suzanne Richards, 2017, Predictors of loneliness and different types of social isolation of rural-living older adults in the United Kingdom, Ageing & Society 37: 2012-2043; Stephanie T. Child & Leora Lawton, 2019, Loneliness and social isolation among young and late middle-age adults: Associations of personal networks and social participation, Aging & Mental Health 23(2): 196-204; Thomas K. M. Cudjoe, David L. Roth, Sarah L. Szanton, Jennifer L. Wolff, Cynthia M. Boyd & Roland J. Thorpe, 2020, The epidemiology of social isolation: National health and aging trends study, The Journals of Gerontology: Series B, 75(1): 107-113.

31 예로, Sylvia Bernard, 2013, Loneliness and social isolation among older people in North Yorkshire, Working Paper 2565, Social Policy Research Unit, Univerity of York; 김성아 · 박민진 · 김정아, 2022, 서울시 1인가구 외로움 · 사회적 고립 실태와 대응전략, 서울연구원.

32 위 실바의 글; 위 남찬섭의 글.

33 허츠 저, 홍정인 역, 2021, 고립의 시대, [Noreena Hertz, 2020, The Lonely Century], 경기 파주: 웅진지식하우스.

34 Milton Friedman, 2002[1962], Capitalism and Freedom, University of Chicago Press.

35 위 후쿠야마의 글 제2장과 제3장.

36 Karl Polanyi, 2001[1944], The Great Transformation: the political and economic origins of our time, Boston: Beacon Press.

37 André Gorz, translated by Chris Turner, 1999, Reclaiming Work: Beyond the Wage-Based Society, Cambridge UK: Polity Press, 특히 Introduction과 1장.

38 Robert E. Goodin, 2001, Work and Welfare: Towards a Post-productivist Welfare Regime, British Journal of Political Science, 31(1): 13-39.

39 Tony Fitzpatrick, 2004, A Post-Productivist Future for Social Democracy? Social Policy & Society 3(3): 213-222; Simon Birnbaum, 2009, Introduction: Basic Income, Sustainability and Post-Productivism, Basic Income Studies 4(2), Article 3: 1-7; Tony Fitzpatrick, 2013[1999], Ecologism and Basic Income, in Karl Widerquist, Jose A. Noguera, Yannick Vanderborght, and Jurgen De Wispelaere (eds), Basic Income: An Anthology of Contemporary Research, West Sussex, UK: Wiley Blackwell, Ch.39, 263-268; Tuuli Hirvilammi & Max Koch, 2020, Sustainable Welfare beyond Growth, Sustainability 12(5): 1824-1831; 김병인, 2022, 포스트 생산주의 사회를 향한 복지의 재설계, 참여소득 논의와 구상: 한국 정책 맥락에서의 시론, 비판사회정책 77: 173-195; 그리고 한국은 그러한 믿음을 더욱 노골적으로 전면화시킨 대표적인 '생산주의 복지국가'다(최영준, 2011, 한국 복지정책과 복지정치의 발전: 생산주의 복지체제의 진화, 아세아연구 54(2): 7-41).

40 조남경, 2017, 사회서비스의 가치와 지향, 한계, 그리고 가능성: 이용자 중심성으로 본 사회서비스의 변화와 발전, 사회서비스연구 7(1): 43-63.

41 위 Gorz의 글, Ch.2.

42 신경아, 2013, '시장화된 개인화'와 복지 욕구, 경제와사회 98: 266-303; 위 김덕영, 2014의 글; 김정훈, 2015, 개인화의 양면성과 새로운 정치의 가능성, 동향과전망 94: 9-44; 개인화를 기든스는 '성찰적, 자기충족적 개인이 되는 과정'으로, 바우만은 '(공적 영역이 사적인 것들에 의해 식민화되어) 실질적 주체가 되고자 하나 될 수 없어서 끊임없는 불안 속에 살아갈 수밖에 없는 현상'으로, 벡은 '집단과 전통에서 분리되어 철저히 개인이 되면서 동시에 국가와 제도에 결박되는 과정'으로 설명했다는 차이가 있다고 볼

수 있겠지만(신경아의 글 268-271쪽), 큰 틀에서 보면 공히 짐멜이 이야기한 질적 개인주의(김덕영의 글 52-53쪽) 혹은 합리적 개인주의에서 주관적 개인주의로의 변화(김정훈의 글 15쪽)를 이야기하고 있는 것으로 이해할 수 있다.

43 벡, 1998, 정치의 재창조: 성찰적 근대화 이론을 향하여, in 기든스 · 벡 · 래쉬 저, 임현진 · 정일준 역, 성찰적 근대화, [Ulrich Beck, Anthony Giddens & Scott Lash, 1994, Reflexive Modernization], 서울: 한울, Ch.1 (pp. 21-99).

44 짐멜 저, 김덕영 · 윤미애 역, 2005, 대도시와 정신적 삶, [Georg Simmel, 1903, Die Grossstädte und das Geistesleben], 짐멜의 모더니티 읽기, 서울: 새물결, 1부.

45 위 짐멜의 글, 35쪽.

46 여기서 예외의 집단은 국가이다. 국가 및 국가주의는 근대 자유주의 및 개인주의와 협력하며 함께 성장했다(드닌 저, 이재만 역, 2019, 왜 자유주의는 실패했는가: 자유주의의 본질적인 모순에 대한 분석, [Patrick J. Deneen, 2018, Why Liberalism Failed], 서울: 책과함께).

47 위 짐멜, 2005[1903]의 글.

48 위 후쿠야마의 글, 128-9쪽; 그리하여 분명히 비가 내린 날을 해가 쨍쨍했다고 이야기하면서 '대안적 사실(alternative fact)'을 이야기할 뿐이라는 해괴망측한 트럼프식 주장이 횡행하는 시대를 우리는 살게 되었다(빅포르스 저, 박세연 역, 2022, 진실의 조건: 철학이 진실을 구별하는 방법, [Åsa Wikforss, 2020, Altenativa Fakta], 경기 파주: 푸른숲).

49 김기덕, 2015, 대안적 비판이론으로서 인정 패러다임의 사회복지적 함의, 한국사회복지학 67(4): 325-348 참고.

50 이미 우리가 알고 있는 유럽 근대사에 관한 지식을 배경으로 하되, 여기서의 방식으로 정리하는 데에는 주로 다음의 문헌들이 역할을 했다. 매클렐란 3세 & 도른 저, 전대호 역, 2006, 과학과 기술로 본 세계사 강의, [James E. McClellan III & Harold Dorn, 1999, Science and Technology in World History: An Introduction], 서울: 모티브북; Vic George, 2012, Major Thinkers in Welfare: Contemporary issues in historical perspective, The Policy Press; 주경철, 2017, 그 해, 역사가 바뀌다: 세계사에 새겨진 인류의

결정적 변곡점, 21세기북스; E. K. Hunt & Mark Lautzenheiser, 2011, History of Economic Thought: A Critical Perspective, 3rd edition, London: Routledge; 김덕영, 2017, 루터와 종교개혁: 근대와 그 시원에 대한 신학과 사회학, 서울: 도서출판 길.

51 위 매클렐란 3세 & 도른의 글, 3장.

52 위 주경철의 글, 19–69쪽.

53 베버 저, 이종오 역, 1998, 프로테스탄티즘의 윤리와 자본주의 정신, [Max Weber, 1905, The Protestant Ethic and the Spirit of Capitalism], 계명대학교 출판부, 특히 1부.

54 위 George의 글, 61쪽.

55 위 김덕영, 2017의 글.

56 로벨리 저, 김정훈 역, 2018, 보이는 세상은 실재가 아니다, [Carlo Revelli, 2014, La realtà non è come ci appare], 서울: 쌤앤파커스, 44–56쪽.

57 위 매클렐란 3세 & 도른의 글, 380쪽.

58 위 로벨리, 2018의 글, 53쪽.

59 위 매클렐란 3세 & 도른의 글, 376–378쪽.

60 위 베버의 글, 특히 150–160쪽.

61 듀이 저, 김진희 역, 2018, 자유주의와 사회적 실천, 개정 1판, (초판 2011), [John Dewey, 1991[1935], Liberalism and Social Action], 서울 마포: 책세상, 26쪽; Milton Friedman & Rose Friedman, 1980, Free to Choose, New York: Harcourt, pp. 1–2.

62 위 Hunt와 Lautzenheiser의 글, Ch.3.

63 위 Hunt와 Lautzenheiser의 글, Ch.4–Ch.5.

64 위 Polanyi의 글, Ch.7–Ch.8.

65 위 김덕영, 2014의 글.

66 한디디 저, 2024, 커먼즈란 무엇인가, 서울: 빨간소금, 제1장.

67 위 바우만의 글, 특히 175~196쪽.

68 위 듀이의 글, 제1장.

69 위 듀이의 글, 22쪽.

70 위 듀이의 글, 1장과 위의 후쿠야마의 글 1장.

71 위 드닌의 글, 71-98쪽. 드닌은 재산권 보호만이 아니라 개인의 자유 확대가 법의 확대와 국가의 확대를 가져왔다는 점을 잘 분석하여 보여주고 있다.

72 위의 후쿠야마의 글, 제1장.

73 따라서 상호 의존하는 관계의 범위와 총량은 당연히 증가했다. 하지만 이는 분업적 상호 의존 관계라는 점을 다시 강조할 필요가 있겠다. 인격적 관계와 분업적 의존 관계가 다르다는 점을 간과하면, 무역의 증가는 세계의 상호 의존과 협력 관계의 심화이자 강화라고 쉽게 주장될 수 있다. 비인격적 분업의 증가가 개인주의의 심화와 연관되어 있음을 포착하기 어렵게 할 수 있다는 것이다. 마찬가지의 문제가 정보통신기술(IT)의 발전에 따른 사람들 간 네트워킹의 증가에 대한 주장에서 발견된다. SNS 등으로 전 세계의 사람들이 실시간으로 소통하는 모습을 보며 세계가 관계되어 있고 상호의존하고 있다는 주장이다. 정보통신기술로 확장되는 관계는 인격적인가 비인격적인가 아니면 그 중간 어디쯤인가. 그런 지점에 대한 더 주의 깊은 고려가 필요할 것이다.

74 위 짐멜, 2005[1903]의 글, 37-38쪽.

75 짐멜 저, 김덕영 · 윤미애 역, 2005, 현대 문화에서의 돈, [Georg Simmel, 1896, Das Geld in der modernen Cultur], 짐멜의 모더니티 읽기, 서울: 새물결, 1부 1(pp. 11-33) 중 17-18쪽.

76 위 한디디의 글, 120-121쪽.

77 우치다 저, 김경옥 역, 2016, 어른없는 사회, [内田樹, 2014, 街場の共同體論], 서울: 민들레, 32쪽.

78 위 Polanyi의 글.

79 위 한디디의 글, 90쪽.

80 위 듀이의 글, 제1장.

81 Roger Mainwood, 2016, Ethel & Ernest (an animation movie).

82 Pat Thane, 1982, Foundations of the Welfare State, London: Longman, 223쪽; Peter Townsend, 2009 [1958], "A Society for People", Social Policy and Society 8(2): 147-158, 147쪽.

83 Thomas Piketty & Emmanuel Saez, 2006, The Evolution of Top Incomes: A Historical and International Perspectives, American Economic Reivew 96(2): 200–205.

84 Gøsta Esping–Andersen, 1990, The Three Worlds of Welfare Capitalism, Cambridge: Polity Press.

85 이와 관련된 내용은 2020년에 수행된 연구 중 내가 담당했던 부분에 빚지고 있다: 김소영 · 김수영 · 조남경 · 허용창 · 유재윤 · 송기호 · 박준혁, 2021, 나눔토대연구: 한국의 나눔, 정의와 변천, 사랑의열매 사회복지공동모금회 나눔문화연구소 조사연구 2020–09, 2장 2절.

86 Beth Breeze, 2013, How donors choose charities: the role of personal taste and experiences in giving decisions, Voluntary Sector Review 4(2): 165–183.

87 나눔과 필란트로피는 유사한 행위들을 묶어 부르고는 있지만 의미는 조금 다르다. 필란트로피에는 시민사회의 정치적 활동이라는 의미가 담겨 있다. 더 자세히는 위 김소영 외, 2021의 글, 2장 1절을 참고.

88 Rhodri Davies, 2015, Public Good by Private Means: How Philanthropy Shapes Britain, London: Alliance Publishing Trust, ISBN 9781907376245, e–book(Kindle) version.

89 René Bekkers & Pamala Wiepking, 2011, A literature review of empirical studies of philanthropy: eight mechanisms that drive charitable giving, Nonprofit and Voluntary Sector Quarterly 40(5), 924–973.

90 위 Bekkers와 Wiepking의 글; 위 Breeze의 글도 참고.

91 Lucy Allais, 2015, What properly belongs to me: Kant on giving to beggars, Journal of Moral Philosophy 12, 754–771 중 757쪽, Peter Singer(1972)를 인용한 부분.

92 토마셀로 저, 유강은 역, 2018, 도덕의 기원: 영장류학자가 밝히는 도덕의 탄생과 진화, [Michael Tomasello, 2016, A Natural History of Human Morality], 서울: 이데아.

93 위 토마셀로, 2018의 글, 14쪽.

94 위 토마셀로, 2018의 글, 69쪽.

95 토마셀로 저, 이정원 역, 2017, 생각의 기원: 영장류학자가 밝히는 생각의

탄생과 진화, [Michael Tomasello, 2014, A Natural History of Human Thinking], 서울: 이데아.

96 솔닛 저, 정해영 역, 2012, 이 폐허를 응시하라: 대재난 속에서 피어나는 혁명적 공동체에 대한 정치사회적 탐사, [Rebecca Solnit, 2009, A Paradise Built in Hell: The Extraordinary Communities That Arise in Disasters], 서울: 펜타그램.

97 위 솔닛의 글, 142–143쪽.

98 모스 저, 이상률 역, 2002, 증여론, [Marcel Mauss, 1925, Essai sur le don], 서울: 한길사.

99 이찬수, 2016, 평화와 평화들: 평화다원주의와 평화인문학, 서울: 도서출판 모시는사람들, 59–97쪽.

100 위 모스의 글.

101 위 토마셀로, 2018의 글, 13–15쪽.

102 게이치로 저, 최재혁 역, 2018, 나는 왠지 떳떳하지 못합니다, [松村圭一郎, 2017, うしろめたさの人類學], 경기 파주: 한권의책, 15쪽.

103 위 모스의 글, 249–256쪽.

104 위 모스의 글, 257–258쪽.

105 보울스 저, 박용진 · 전용범 · 최정규 역, 2020, 도덕경제학: 왜 경제적 인센티브는 선한 시민을 대체할 수 없는가, [Samuel Bowles, 2016, The Moral Economy: Why Good Incentives are No Substitute for Good Citizens], 서울: 흐름출판; 최정규, 2009, 이타적 인간의 출현, 개정증보판, 서울: 뿌리와 이파리.

106 위 보울스의 글, 62쪽.

107 Elinor Ostrom, 2000, Collective Action and the Evolution of Social Norms, Journal of Economic Perspectives 14(3): 137–158도 참고.

108 위 최정규의 글, 312쪽.

109 인간의 본성적인, 그러니까 '타고 나는 것으로 보이는' 공정성 감각에 대한

흥미로운 실험들은 위 드 발의 글에서도, 그리고 다음의 책에서도 많이 접해 볼 수 있다; 블룸 저, 최재천 · 김수진 역, 2024, 선악의 기원: 아기를 통해 보는 인간 본성의 진실, [Paul Bloom, 2014, Just Babies: the origins of good and evil], 경기 파주: 21세기북스.

110 위 보울스의 책, 316쪽.

111 위 토마셀로, 2018의 글, 81쪽, 101쪽.

112 크로포트킨 저, 김영범 역, 2005, 만물은 서로 돕는다, [Pyotr Alekseyevich Kropotkin, 1902, Mutual Aid: A Factor of Evolution], 서울: 르네상스.

113 티트머스 저, 오클리 · 애슈턴 엮음, 김윤태 · 윤태호 · 정백근 역, 2019, 선물관계: 인간의 혈액에서 사회정책까지, [Richard M. Titmuss, 1970, The Gift Relationship: From Human Blood To Social Policy], 서울: 이학사, 177쪽.

114 위 크로포트킨의 글, 44쪽.

115 Amartya Sen, 2011, The Idea of Justice, Massachusetts: The Belknap Press of Havard University Press, 185쪽.

116 위 보울스의 글, 51쪽.

117 위 솔닛의 글, 19쪽, 81쪽.

118 위 Bekkers와 Wiepking의 글 중 936쪽; 위 티트머스의 글, 433쪽.

119 Lalin Anik, Lara B. Aknin, Michael I. Norton & Elizabeth W. Dunn, 2011, Feeling Good About Giving: The Benefits (and Costs) of Self-Interested Chariable Behavior, in Daniel M. Oppenheimer & Chrisopher Y. Olivola (eds) The Science of Giving: Experimental Approaches to the Study of Charity, New York: Psychology Press, pp. 3-13 중 3쪽.

120 Mirco Tonin & Michael Vlassopoulos, 2013, Experimental evidence of self-image concerns as motivation for giving, Journal of Economic Behavior & Organization 90, 19-27.

121 위 토마셀로, 2018의 글, 38-44쪽.

122 위 토마셀로, 2017의 글과 2018의 글.

123 위 Sen의 글 182쪽; 위 최정규의 글; 위 보울스의 글.

124 위 로벨리, 2018의 글, 111–142쪽.

125 로벨리 저, 김정훈 역, 2023, 나 없이는 존재하지 않는 세상, [Carlo Rovelli, 2020, Helgoland], 서울: 쌤앤파커스, 220쪽.

126 커크패트릭 저, 이세진 역, 2021, 보부아르, 여성의 탄생, [Kate Kirkpatrick, 2019, Becoming Beauvoir: A Life], 서울: 교양인, 143쪽.

127 John E. Roemer, 2002, Equality of opportunity: A progress report, Social Choice and Welfare 19: 455–471 중 455쪽; 위 드 발의 글, 222–267쪽; 위 블룸의 글, 1장과 2장; 위 토마셀로, 2018의 글, 223–224쪽.

128 위 후쿠야마의 글, 제1장.

129 샌델 저, 김명철 역, 2014, 정의란 무엇인가, [Michael J. Sandel, 2009, Justice: What's the right thing to do?], 서울: 미래엔, 320–322쪽.

130 필즈 저, 박동천 역, 2013, 인권: 인간이기 때문에 누려야 할 권리, [A. Belden Fields, 2003, Rethinking Human Rights For the New Millennium], 서울: 모티브북, 65–70쪽.

131 조효제, 2007, 인권의 문법, 서울: 후마니타스, 38–9쪽.

132 다음 책들을 참고. 신정완, 2014, 복지국가의 철학: 자본주의, 분배적 정의, 복지국가, 서울: 인간과복지; 위 뮬홀 · 스위프트의 글; 위 샌델의 글.

133 위 Sen, 2011의 글, 짧게는 Amartya Sen, 2009, Introduction, in Adam Smith, 2009[1759], The Theory of Moral Sentiments, New York: Penguin Books도 참고.

134 이우진, 2012, 경제민주화와 기회의 평등, 한국경제포럼 5(3): 5–25 중 5쪽.

135 위 Sen, 2011의 글, 12–15쪽.

136 위 토마셀로, 2018의 글, 35–42쪽.

137 위 토마셀로, 2017의 글.

138 위 Roemer의 글, 255–256쪽.

139 기회 평등과 관련해서 우리의 시야를 확 넓혀주는 피쉬킨의 이야기는 꼭 한 번 참고할 만하다. 이 문단의 내용 전반도 Joseph Fishkin, 2014, Bottlenecks: A New Theory of Equal Opportunity, Oxford University Press에 바탕을 두고 있다.

140 위 키테이의 글, 27쪽.

141 위 키테이의 글, 79쪽.

142 위 후쿠야마의 글, 218쪽.

143 허라금, 2014, 관계적 자율성에 대한 철학적 연구: 절차적 자율성과 실질적 자율성 논쟁을 중심으로, 철학 제120집: 103–129 중 125쪽; 철학자 버지니아 헬드는 이를 "시간, 공간, 일상의 결정을 어떻게 공유할 것인가, 그리고 얼마만큼 독립적으로 활동할 것인가에 대한 상호이해와 상호수용을 포함"하는, 기존의 개인적 자율성과는 다른 상호적 자율성이라 설명한다(위 헬드의 글, 114쪽).

144 임미원, 2023, 관계적 자율성 개념의 일고찰, 법학논총 40(3): 1–24 중 4–5쪽.

145 Marina Oshana, 2020, Relational Autonomy, in Hugh LaFollette, edited, International Encyclopedia of Ethics, John Wiley & Sons Ltd. DOI: 10.1002/9781444367072.wbiee921

146 Carlos Gómez-Vírseda, Yves de Maeseneer & Chris Gastmans, 2020, Relational autonomy in end-of-life care ethics: a contextualized approach to real-life complexities. BMC Med Ethics 21(50), https://doi.org/10.1186/s12910- 020-00495-1.

147 위 허라금의 글, 124쪽; 위 임미원의 글, 20쪽.

148 김순남, 2022, 가족을 구성할 권리: 혈연과 결혼뿐인 사회에서 새로운 유대를 상상하는 법, 경기 파주: 오월의 봄; 황두영, 2020, 외롭지 않을 권리: 혼자도 결혼도 아닌 생활동반자, 서울: 시사IN북.

149 위 헬드의 글, 95쪽; 위 샌델의 글, 331쪽.

150 도시와 건축의 설계, 가구와 조명의 디자인과 배치 등까지 모든 것에 관계

인지적 관점이 작동할 수 있다. 다음 글에서 많은 시사점을 얻을 수 있다. 박희찬, 2024, 관계도시: 조금 덜 익명적이고 때때로 연결되는, 경기 파주: 돌베개.

151 위 코텀의 글, 106-107쪽.

152 Hartley Dean, 2023, From altruism to sociality: A switch in perception, International Journal of Social Welfare 32: 256-267 중 258, 265-6쪽.

153 Tony Fitzpatrick, 2009, Basic Income, Post-Productivism and Liberalism, Basic Income Studies 4(2), Article 7, 1-11 중 3쪽.

154 위 Goodin의 글, 14쪽.

155 위 Gorz의 글.

156 위 Fitzpatrick, 2013[1999]의 글; Cristian Pérez-Muñoz, 2018, Participation Income and the Provision of Socially Valuable Activities, The Political Quarterly 89(2): 268-272.

157 위 Fitzpatrick, 2004의 글, 215쪽.

158 위 Fitzpatrick, 2009의 글; 위 김병인의 글.

159 위 황두영의 글, 위 김순남의 글.

160 이동현, 2021, 코로나19의 교훈, 집이 기본이라는 것, 월간 복지동향 269: 24-30.

161 짐멜 저, 김덕영 · 윤미애 역, 2005, 식사의 사회학, [Georg Simmel, 1910, Soziologie der Mahlzeit], 짐멜의 모더니티 읽기, 서울: 새물결, 3부 1, pp.141-151.

저/ 자/ 소/ 개

조남경

성공회대학교 교수. 학부와 대학원에서 강의하고 있다.
영국 외무성 장학생으로 수학했고, 유럽사회정책학회(ESPAnet)
최우수 박사연구자 논문상, 한국사회복지학회 우수논문상을 수상했다.

연대의 새로운 문법

초판발행 2025년 7월 30일 **1판 1쇄 발행**

지은이 조남경
펴낸이 최용구 | **펴낸곳 도서출판 신정**
주소 (04316) 서울시 용산구 원효로 89길 19 (원효로1가)
전화 02)3211-4782, 0266(영업부), 3211-4783(편집부), 3211-4784(팩스)
이메일 sjbook2002@naver.com | **홈페이지** www.sjbook.co.kr
등록 2001년 5월 11일 제13-702호
기획마케팅 최용구 장만동 최충구 송대용 | **책임편집** 석기은 황가연

ISBN 978-89-5912-945-4 93330
정가 **11,000원**